전도 현장에서 반대의견에 부딪쳤을 때

# 허리굽혀 공감하라

허리 굽혀 공감하라

ⓒ 생명의말씀사 2000

2000년 3월 25일 1판 1쇄 발행
2025년 3월 6일    17쇄 발행

펴낸이 | 김창영
펴낸곳 | 생명의말씀사

등록 | 1962. 1. 10. No.300-1962-1
주소 | 서울시 종로구 경희궁1길 6 (03176)
전화 | 02)738-6555(본사)·02)3159-7979(영업)
팩스 | 02)739-3824(본사)·080-022-8585(영업)

지은이 | 김양태

인쇄 | 예원프린팅
제본 | 보경문화사

ISBN 89-04-10060-7 (03230)

저작권자의 허락 없이 이 책의 일부 또는 전체를
무단 복제, 전재, 발췌하면 저작권법에 의해 처벌을 받습니다.

## 머 리 말

　개인전도를 하다 보면 반대의견을 제시하는 사람들을 틀림없이 만나게 됩니다. 반대의견이 나올 때 전도자는 모든 질문에 다 대답할 필요는 없습니다. 왜냐하면 우리의 목표는 복음을 전하는 데 있기 때문입니다. 신학적 변론이나 말싸움에서 이기는 것이 진정한 승리가 아님을 잊지 마십시오. 사탄은 우리로 하여금 곁길로 가서 보다 덜 중요한 문제에 우리의 귀중한 시간을 허비하게 할 뿐입니다. 우리의 대적 마귀는 그의 부하들을 시켜서 온갖 수단과 방법으로 복음이 전파되는 것을 방해하고 있다는 사실을 명심해야 할 것입니다.

　복음을 제시하던 중에 반대의견에 부딪혔을 때 성령의 인도하심에 따라 적절하게 사용된 예화는 대단히 효과적인 복음 전도의 도구가 됩니다. 예화를 곁들인 말씀은 복음을 분명하고 선명하게 합니다. 본서는 수많은 현장전도 경험을 통해 얻은 뒷 이야기와 전도자들이 현장에서 부딪히는 다양한 반대의견을 처리하는 기본적인 자세와 대화의 요령 및 구체적인 사례들에 대한 처리방안들을 제시해 보았습니다.

다음 제시한 예화들을 참고하셔서 지혜를 얻으시되 성령의 도우심으로 얼마든지 더 발전적으로 변화할 수 있으며 실제 전도 현장에서 새롭게 깨닫게 해주시는 또 다른 전도예화를 더 첨가해서 사용할 수 있습니다. 그러나 기억해야 할 것은 성공적인 전도는 탁월한 말솜씨와 논리 전개에 의해 좌우되는 것이 아니라 영혼을 불쌍히 여기는 마음, 성령의 인도하심을 민감하게 기대하는 기도로 이루어진다는 사실을 잊지 말아야 할 것입니다. 성경은 "너희 속에 있는 소망에 관한 이유를 묻는 자에게는 대답할 것을 항상 예비하되 온유와 두려움으로 하고"(베드로전서 3:15중)라고 권면하고 있습니다.

반대의견은 언제 어디서 돌발적으로 제기될지 알 수 없습니다. 독자들의 이해를 돕기 위해 반대의견 사례들을 전도폭발 복음제시 개요에 따라 주제별로 구분했습니다. 제1장에서는 반대의견 처리의 기본적인 원리를 정리하였고, 제2장에서는 복음제시 처음대화의 서두를 쉽게 접근할 수 있도록 다양한 방법을 제시하였습니다. 제3장에서는 대화의 서론에서 제기되는 반대의견의 처방과 답변들을 실제로 연습할 수 있도록 구성하였습니다. 제4장에서는 복음제시 진행 중 제기되는 반대의견 답변을 위한 예화들을 모았고, 제5장에서는 결신을 보다 효과적으로 진행할 수 있도록 예화와 재치 있는 처리 방법을 제시하였습니다. 제6장에서는 결신 이후 즉석양육과 후속양육을 할 때 주제에 따른 다양한 양육 방법을 제시하였습니다. 끝으로 제 7장에서는 타종교와 이단종파에 대해 다루었습니다.

   전도자는 본서에서 제시하는 일반적인 반대의견 처리 원리를 익혀두고 실제 전도현장에서 전도하는 것처럼 생생하고 생동감있게 반복하여 연습하십시오. 반복하여 읽으시면 또 다른 지혜를 얻게 될 것입니다.

2000년 2월 15일

땅 끝에 사는 한 영혼을 바라보며 …

김 양 태

# 목 차

**머 리 말** · 3

## 제 1장 반대의견 처리의 기본원리 · 11

- 대화 태도의 중요성 · 13
  - 의사소통의 중요성 · 14
  - 기본기의 중요성 · 15

    반대의견을 제시하는 네 가지 유형 · 16
    반대의견 처리시 영혼을 놓치는 이유 · 17
    반대의견을 처리하는 네 가지 방법 · 19
    반대의견에 대처하는 변증론 · 22
    반대의견을 처리하는 대화의 단계 · 23

## 제 2장 복음제시 대화의 서론 · 31

- 일상 생활에 접근하는 은사 · 33
- 평소 신뢰받는 일상 생활 · 34
- 대화의 수준 · 35
- 재치있는 대화의 소재 · 36

  대머리와의 공감대 형성 · 38
  예수님의 접근방법 · 39
  할머니를 이해하는 허사가 · 41
  할아버지의 상패와 족보 · 43
  아파트에서의 생활전도 · 45
  감자박사의 일상생활 · 47

# 제 3 장 복음제시 대화의 서론에서 제기되는 반대의견들 · 49

- 성령과 인격 · 51
- 강도 높은 야전훈련 · 53

1. 내 주변에는 교회 다니고 있는 사람이 많이 있기 때문에
   교회에 나가지 않아도 그들로 인해서 천국에 갈 수 있지 않습니까? · 55
2. 저희 집 사람이 열심히 기도 드리고 있기에 나는 그 덕(德)에 아마 천국에 가지 않겠습니까? · 58
3. 나는 하나님을 믿고 있습니다. 교회에 꼭 다닐 필요가 있겠습니까? · 60
4. 교회에 다니는 사람이 비리가 더 심하지 않습니까? · 62
5. 교회에 다니는 사람이 왜 사기를 칩니까? · 64
6. 진리를 가르치는 교회에 왜 위선자들이 많은 겁니까? · 66
7. 왜 그리스도인들이 도덕적으로 문제가 많은 겁니까? · 70
8. 왜 교회 다니는 사람이 고난을 많이 겪습니까? · 73
9. 교회는 왜 그렇게 교파가 많은 겁니까? · 76
10. 진리를 가르치는 교회가 왜 그렇게 사랑이 없습니까?
    그래서 교회(이단)를 옮기게 되었습니다. · 79
11. 예수 그리스도의 동정녀 탄생을 어떻게 믿을 수 있습니까? · 8
12. 예수쟁이들은 왜 부모와 친척을 돌아보지 않습니까? · 85
13. 종교를 바꾸면 집안에 우환이 찾아오지 않습니까? · 87
14. 종교를 바꾸면 제사문제 등 모시고 사는 부모님과의 불화를
    어떻게 극복할 수 있습니까? · 90
15. 나는 종교(불교)를 갖고 있으니 다른 사람이나 찾아가 보십시오. · 93
16. 타종교에 비해서 기독교의 구원은 너무 쉽지 않습니까? · 96
17. 종교는 다 같지 않습니까? 왜 기독교만 믿어야 합니까? · 98
18. 목사와 성도들이 같은 교회에 다니면서 밤낮 싸우는 이유는 무엇입니까? · 101
19. 요즘 교회가 사회봉사는 하지 않고 기업화되어 간다고 생각하지 않습니까? · 103
20. 먹고살기에 어려움이 없는 사람이나 교회 다니는 거 아닙니까? · 105
21. 천국이 있다는 것을 어떻게 알 수 있습니까? · 107
22. 죽어 보지도 않았는데 사후(死後) 세계를 어떻게 알 수 있습니까? · 109
23. 죽어봐야 알지 어떻게 영생 얻은 것을 알 수 있습니까? · 112
24. 나는 아직 젊고 건강하기 때문에 천국에 대하여
    죽음에 대하여 깊이 생각하고 싶지 않습니다. · 116
25. 나는 성경을 믿지 않습니다. · 119
26. 성경은 오류가 없는 하나님의 말씀인가요? · 122
27. 이순신 장군은 구원을 받았습니까? · 126

# 제 4 장 복음제시 진행 중 제기되는 반대의견들 · 129

- 복음의 요리사 · 131
- 맛깔스러운 요리 · 132

28. 당신은 천국을 가 보았습니까? · 134
29. 지옥은 실제로 있습니까? · 136
30. 사랑의 하나님이 어떻게 지옥을 만드셨나요?
    지옥이 있다면 나는 그냥 지옥에 가겠습니다. · 137
31. 나같은 사람도 하나님의 은혜의 선물을 받을 자격이 있습니까? · 139
32. 교회 나가지 않아도 선하게 살면 천국에 갈 수 있지 않습니까? · 140
33. 내가 왜 죄인입니까? 큰 죄를 짓지 않고 살았습니다. · 141
34. 인간 스스로 노력을 통해 구원을 얻을 수 있지 않습니까? · 143
35. 당신은 하나님을 보았습니까? · 144
36. 하나님이 살아 계시다는 것을 어떻게 알 수 있습니까? · 145
37. 하나님은 왜 선악과(善惡果)를 만들어 놓으셔서 인간이 죄를 짓게 하셨습니까? · 148
38. 하나님이 전능하시다면 구원의 방법을 달리 할 수 있지 않겠습니까? · 150
39. 하나님이 살아 계시다면서 왜 사람들이 고난받을 때에 돌아보지 않으십니까? · 152
40. 하나님은 참으로 불공평하십니다. 왜 이스라엘 민족을 선택하시고
    아프리카 사람들은 그렇게 가난하게 두셨습니까? · 153
41. 십자가에서 죽은 예수 그리스도가 정말로 부활했습니까? 믿기 어렵습니다. · 154
42. 하나님이 전능하시다면 꼭 이 땅에 오실 필요가 있었겠습니까? · 157
43. 예수 그리스도의 십자가 사건이 어떻게 전인류를 구원할 수 있습니까?
    이 사실을 받아들이기 어렵습니다. · 159
44. 예수 그리스도의 십자가의 사랑이 이해가 되지만 그래도 노력없이 어떻게
    그 사랑을 받아들일 수 있겠습니까? · 161
45. 죄없는 예수 그리스도가 왜 십자가에서 죽었습니까? · 162
46. 예수 믿는 사람들은 너무 광신적이지 않습니까? · 164
47. 예수 믿는 사람들은 천국 가기 위해서
    그렇게 교회에 열심히 다니며 헌금하는 것이 아닙니까? · 16

8

## 제 5 장  결신 인도시 제기되는 반대의견들 · 169

● 소똥 참외 · 171

48. 인생은 이생뿐이며 죽으면 그만이지 않습니까?
    복음을 듣고 결단하지 못하는 사람들을 위하여… · 172
49. 나 같은 것이 어떻게 하나님께서 주시는
    영생의 선물을 받을 수 있겠습니까? · 174
50. 나는 너무 죄가 많아 구원받기 어렵습니다. · 176
51. 현재는 믿기 어렵고 좋은 세상 즐기다가 나중에 믿겠습니다. · 177
52. 나는 마음의 준비가 필요합니다. 제 삶을 정리하고 믿겠습니다. · 179
53. 차차 생각해 보고 믿음을 갖겠습니다. · 180
54. 많은 지식인들이 그리스도를 믿지 않고 있지 않습니까? · 182
55. 교회는 술도 안 된다, 담배도 끊어라, 그럼 도대체 무슨 재미로 삽니까? · 183
56. 진실된 회개를 어떻게 합니까? · 185
57. 구원의 확신을 어떻게 가질 수 있습니까? · 187
58. 구원의 확신에 대한 약속을 어떻게 믿을 수 있습니까? · 189

## 제 6 장  양육시 제기되는 질문들 · 191

● 기른 정 (情) 낳은 정(情) · 193

59. 성경을 읽으면 따분하고 졸려서 못 읽겠습니다. · 194
60. 교회 참석하여 설교만 들으면 되지 내가 굳이
    성경을 읽을 필요가 있습니까? · 196
61. 성경을 읽는다고 해서 내가 얼마만큼 변화되겠습니까? · 197
62. 하나님께서 말씀을 책으로 기록해 주시지 말고
    귀로 들을 수 있도록 해 주셨더라면, 더 많은 사람들이 하나님을 믿지 않겠습니까? · 200
63. 도대체 성경이 쓰여진 목적이 무엇입니까? · 202
64. 어떻게 기도할 수 있습니까? · 205
65. 예배시간에 헌금 내는 것이 부담스러워 교회 나가기가 어렵습니다. · 207
66. 휴일은 건강을 위해 쉬어야 하고 운동을 해야하기 때문에 교회 가기가 어렵습니다. · 208
67. 하루하루 먹고살기 바빠서 교회 예배 참석은 어렵습니다. · 209
68. 시부모와 남편의 반대가 두려워 예배 참석이 어렵습니다. · 212
69. 저는 직업이 소주방을 경영하고 있어 교회 나간다는 것이 불가능합니다. · 214
70. 나는 내성적이라 사람들과 교제한다는 것이 부담스럽습니다. · 215
71. 교회 다니는 사람은 자기 주관도 없고 자신의 개성도 없는 획일적인 모양이 싫습니다. · 216
72. 나는 일방적으로 전도하는 사람이 보기 싫습니다. · 217
73. 예수 믿지 않고 세상 떠난 우리 할아버지, 할머니는 어떻게 되는 겁니까? · 219

# 제 7 장 타종교와 이단 종파 · 221

- 타종교와 이단 종파를 연구함에 있어서 전도자의 자세 · 223
- 정통 기독교의 신앙 신조 · 224
- 이단이란 · 225

74. 기독교와 타종교의 차이 · 227
75. 불교에 대한 상식 · 229
76. 가톨릭교와 개신교의 발생 기원 · 233
77. 가톨릭을 경계하는 몇 가지 이유 · 235
78. 정통 유대교와 기독교와의 차이 · 243
79. 이슬람교와 기독교와의 차이 · 245
80. 힌두교와 기독교와의 차이 · 247
81. 크리스천 사이언스와 기독교와의 차이 · 249
82. 몰몬교와 기독교와의 차이 · 250
83. 통일교(세계기독교 통일신령협회) · 252
84. 여호와 증인에 대한 상식 · 256

# 제 1 장

## 반대의견 처리의 기본원리

## 대화 태도의 중요성

전도 현장에서 늘 경험하는 것이지만 참으로 이상한 것은 사람들은 전도하는 사람의 태도가 마음에 들면 그 사람이 갖고 있는 복음을 듣고 싶어한다는 것입니다. 세상 사람들이 복음을 쉽게 받아들이지 않는 가장 큰 이유 중 하나는 예수 믿는 사람들의 태도가 마음에 들지 않기 때문임을 전도 현장에서 자주 느끼게 됩니다. 서양 사람들은 전도자의 말이 합리성이 있으면 받아들이는 반면, 동양 사람은 그렇지 못합니다. 전도자의 태도에 따라서 이해가 가능한 것이 한국형 반대의견 처리 방법입니다. 전도자가 겸손한 자세로, 전도 대상자를 존중하고 섬기는 마음으로 대화할 때 더 많은 영혼을 주님 앞으로 인도할 수 있을 것입니다. 전도자가 바른 태도로 복음을 전할 때 더욱 긍정적으로 전달되며 결국 복음에 설득적인 힘이 더해질 것입니다. 복음을 잘 전하려고 하기 전에 전도 대상자로부터 신뢰받는 관계를 쌓아서 그들이 마음을 열고 복음을 들을 준비를 갖추게 해야 합니다. 불신자가 복음이 이해된다는 것은 모든 것이 이해되기 때문이 아니라, 먼저 전도자의 태도가 마음에 들고 복음의 전개 과정이 합리적일 때 이해된다고 하는 것입니다.

## 의사소통의 중요성

복음제시에서 가장 중요한 것은 의사소통을 잘 풀어 가는 데 있습니다. 아무리 좋은 복음을 가지고 있어도 의사소통이 되지 않으면 전해줄 수 없습니다. 전도자 여러분 기억하십시오. 반대의견 처리에도 **서론의 과정**이 있습니다. 명확한 답변에 앞서 먼저 전도 대상자를 이해하고 수용하는 언어 훈련이 중요합니다. R. E. Larson은 좋은 경청자의 자세를 "말하는 대상자의 상황에 함께 참여하고 전적으로 그에게 깊은 관심을 갖는 태도가 중요하며 또한 대상자의 이야기를 그의 입장에서 끝까지 듣는 인내가 필요합니다"라고 하였습니다. 이때 전도자는 전도 대상자의 입장에서 대화의 내용을 이끌어 가면서 온전히 수용하는 대화를 이루어야 합니다.

유능한 산악인이라 할지라도 등산하던 중 넘어질 수 있습니다. 그가 거대한 산에 걸려서 넘어지는 것이 아니라 작은 돌부리에 걸려서 넘어지듯이, 전도자 역시 작은 것에 세심하게 주의를 갖게 되면 복음제시의 거대한 산을 단계별로 순조롭게 넘게 될 것입니다.

## 기본기의 중요성

　반대의견을 분석해 보면 사람마다 표현은 다르지만 그들은 동일한 기본적인 질문들을 거듭한다는 사실을 알 수 있습니다. 그러므로 전도자가 기본적인 반대의견 처리 기술을 익혀 놓는 것은 매우 중요합니다. 어려운 훈련을 통하여 처음 기본 자세가 잡히면 반대의견을 처리하는 것은 그리 문제가 되지 않습니다. 운동에도 처음 기본기를 잘 익혀두면 그 기본을 토대로 응용하는 것처럼 전도 역시도 기본기가 중요합니다. 어렵지만 기본에 충실하십시오. 전도 훈련은 강도 높게 훈련받아야 쉽게 전할 수 있습니다. 쉽게 배우면 다양한 전도의 상황에 대처하기 어렵습니다. 군 특공대 대원들이 혹독한 훈련 뒤에 긴급하고 위급한 상황에 민첩하게 대처하는 것과 마찬가지입니다. 또한 많은 현장전도 경험을 통해 다양한 전도의 상황에 지혜롭게 대처하는 창의적인 방법도 생기게 될 것입니다.

## 반대의견을 제시하는 네 가지 유형

**첫째, 복음전파를 방해하는 사탄의 연막전술들**

전도자가 갖는 두려움과 전도 대상자가 제기하는 반대의견은 원수 마귀가 즐겨 사용하는 무기들입니다. 어린 시절, 빗자루나 길다란 막대기를 들고 천장이나 구석진 곳에 거미줄을 걷어 곤충 채집하던 기억이 있습니다. 며칠 뒤에 가보면 그 자리에 또 다시 거미줄이 있곤 했습니다. 집 추녀 밑에 숨어 있는 거미를 잡기 전에는 거미줄을 없앨 수 없습니다. 전도자는 거미줄만 보아서는 안됩니다. 복음의 광채를 가리우는 근본 원인이 되는 거미를 제거해야만 복음제시에 대한 실마리를 찾을 수 있습니다.

**둘째, 그리스도인들이 덕을 세우지 못한 윤리적인 문제들**

그리스도가 싫어서라기 보다는 그리스도인이 마음에 들지 않아서 반대하는 것입니다. 이런 경우 교회가 덕을 세우는 데 미약했던 교회역사를 인정하고 그들의 질문에 수용하는 자세를 갖는 것이 중요합니다. 변명이나 거부하는 태도는 상대방의 마음을 완전히 닫게 하거나 또는 논쟁을 일으킬 수 있습니다.

**셋째, 전도대상자가 정말 몰라서 묻는 진지한 질문들**

이러한 질문을 던지는 사람들은 진리를 이해하기 원하는 사람들입니다. 그들이 종종 만족한 답을 얻을 때 그리스도를 영접하고 영생을 받아들이는 경우를 보게 됩니다. 성경에 나타난 니고데모와 사마리아 여인, 에디오피아 내시가 진지한 질문을 하고 그 질문에 대한 답을 얻었을 때 그들은 모두 영생을 받아들였습니다.

**넷째, 불법을 사랑하고 있는 사람들**
  예수 그리스도를 계속해서 거부하는 사람들은 삶의 어딘가에 자신이 아끼는 죄를 지니고 있습니다. 그들은 빛이 그 안에 들어오는 것이 싫어서 거부하는 것입니다. 죄를 아끼고 사랑하는 불신자들은 우리를 멀리 떼어놓을 수만 가지 반대들을 생각해 내고 둘러댈 것입니다. 그것은 우리 신앙인도 예외일 수는 없습니다.

## ✥ 반대의견 처리시 영혼을 놓치는 이유

**첫째, 전도자의 대화의 기술이 부족하기 때문입니다.**

반대가 쏟아져 나오는 대부분의 원인은 전도자가 처음 대화의 서론에서 실패했기 때문입니다. 또한 전도자가 사전 지식이 없거나 기본적인 처리 기술이 없어 의사소통에 문제가 생기는 경우가 많습니다.

**둘째, 전도자가 일방적으로 말을 너무 잘하기 때문입니다.**

어떤 전도자는 모든 것을 알고 있는 척척박사라는 착각에 빠져 많은 영혼을 놓치는 경우를 흔히 볼 수 있습니다. 여호와 증인이 말을 못해서 전도를 못하는 것은 아닙니다. 말을 너무 얄밉게 잘하는 것이 오히려 해가 되는 경우가 있습니다. 성경은 "너희 말을 항상 은혜 가운데서 소금으로 고루게 함같이 하라 그리하면 각 사람에게 마땅히 대답할 것을 알리라"(골로새서 4:6)라고 말씀합니다.

**셋째, 전도자 자신의 두려움 때문입니다.**

많은 전도자는 전도를 시작하기만 하면 대답하기 어려운 심오한 질문들이 쏟아져 나올 것이라고 확신하고 있습니다. 그러나 전도하다보면 그런 일은 거의 생기지 않습니다. 수없이 많은 사람들이 단 한 가지 질문도 하지 않고 그리스도를 신뢰하고 복음을 받아들이는 경우가 많습니다. 전도자 역시 전능하신 하나님을 다 알기 때문에 믿고 전하는 것은 아닙니다. 우리가 부모에 대하여 다 알기 때문에 부모를 믿는 것이 아닌 것처럼 말입니다. 믿음이 선물로 주어지게 되면 이해없이도 자연스럽게 믿어지는 것이 더 많습니다. 이해되기 때문에 믿는 것이 아니라 믿기 때문에 이해된다는 말입니다.

## ❖ 반대의견을 처리하는 네 가지 방법

**첫째, 예상되는 반대의견을 미리 막으십시오.**

 복음을 듣기로 허락한 사람들 중 극소수의 사람들이 질문을 던지게 되는데, 이때 전도자는 처음 서론의 대화를 통해 상대방이 진리에 관한 어떤 영역에서 어려움을 느끼고 있는지를 앞서 발견할 수 있을 것입니다. 그들이 어려운 문제를 말로 표현하기 전에 미리 대답해 준다면 상대방은 불편을 느끼거나 감정적으로 반대하는 일없이 전도자가 제시하는 복음의 내용을 경청할 것입니다.
 즉, 예상되는 반대의견과 상대방의 부정적인 생각을 미리 배제시키는 것입니다. 예를 들면 "천국이 어디 있어요?" 하는 질문이 있기 전에 미리 이 반대질문을 예상하여 처음 대화의 서론부분에서 자신도 천국을 믿지 않았던 때를 기억하며, "선생님, 저도 천국을 믿지 않았던 때가 있었어요. 또한 저는 성경 자체도 믿지 않았어요. 그러나 영생을 확신한 이후 저는 성경을 믿지 않았던 무지하고 어리석었던 때가 있었음을 기억하고 있지요!" 이렇게 미리 반대를 예상하여 배제시켜 놓으면 상대방은 최소한 "나는 천국과 성경을 믿지 않아요" 하는 반대의견은 제시하지 않는다는 것입니다. 우리가 자주 논쟁에서 이길 수 있는 유일한 방법은 그것을 피하는 것이고 논쟁을 피할 수 있는 최선의 방법은 그것을 미리 파악하여 전도대상자가 반대의견을 제시하기 전에 자신의 체험과 성경의 권위로 설득하는 것입니다.

**둘째, 복음제시에 방해되는 질문은 뒤로 미루십시오.**

복음제시 진행 중 뒤에서 다룰 주제가 앞에서 나오면 뒤로 미루십시오. 또한 질문 내용이 긴 시간을 요구하는 답변이면 복음제시 이후로 미루는 것이 현명합니다.

예를 들면 "그 질문 참 잘하셨어요. 선생님 그 질문은 참 흥미 있는 질문이군요. 마침 제가 오늘 그 말씀을 드리고 싶었습니다. 괜찮으시다면 지금 하던 이야기를 마치고 그 질문을 함께 나누어도 되겠습니까?" 하는 식으로 뒤로 미루십시오.
"선생님 우리가 서로 말씀을 나누는 동안 그 질문에 대해서 더 분명해질 것입니다. 제가 좀더 말씀 드리고 나서도 의문이 안 풀리시면 그때 가서 다시 말씀드리겠습니다." 이렇게 하면 전도대상자의 질문에 적절한 관심을 표하면서 복음제시의 주제에서 벗어나지 않게 됩니다. 그러나 이러한 반대의견의 99%는 나중에 다시 제기하지 않게 됩니다. 상대방은 질문의 대답을 꼭 듣고 싶어서라기 보다는 전도자가 말하는 것에 방해를 놓고 싶어서였기 때문입니다.

**셋째, 신속히 대답하십시오.**
가끔은 처리하고 넘어가야 할 답변들이 있습니다. 상대방과 말하는 중에 꼭 해결하고 넘어가야 할 문제를 제기할 때 그 문제를 미루는 것만으로는 해결되지 않고 그 문제에 대해 간단하게 설명해 주어야 계속 대화를 진행할 수 있는 질문이 있습니다. 우리는 간혹 장애물을 처리하지 않고는 복음제시를 계속하기에 어려운 문제들을 만나게 되는데 이 때 전도자는 빨리 대답하고 중단된 복음의 내용으로 신속히 돌아가 복음제시를 속행해야 합니다.

예를 들어보겠습니다.
- 질문 : 기독교는 왜 그렇게 교파가 많습니까?
- 답 : 예! 그 질문 잘하셨어요. 저도 처음 믿음을 갖게 되었을 때 그것이 마음에 들지 않았어요. 선생님 나무가 크면 가지가 많은 법이지요. 그러나 뿌리는 하나입니다. 이렇게 유머스럽고도 명료하게 대답한 후 신속히 복음제시로 돌아가야 합니다.

**넷째, 모르는 질문은 다음에 돌아와서 대답할 것을 약속 하십시오.**
즉시 대답하기 곤란한 질문과 사전 지식이 없어서 대답이 어려운 부분은 모른다는 것을 솔직히 시인하는 것은 전도자의 귀한 태도입니다. 전도자가 된다는 것이 성경박사가 된다는 것을 의미하는 것은 아닙니다.

모든 것을 다 알고 전도하는 사람은 아무도 없습니다. 그런 의미에서 목회자들은 전문적인 전도자라고 할 수 있지만 평신도들은 그렇지 않습니다. 단지 증인일 뿐입니다. 전문적인 지도자와 증인 사이에는 커다란 차이가 있습니다. 성경에 보면 태어날 때부터 소경이었던 사람이 아무런 성격적 지식은 없었지만 "… 내가 알지 못하나 한가지 아는 것은 내가 소경으로 있다가 지금 보는 그것이니이다"라고 말했듯이 우리는 그저 우리가 아는 것만을 말하면 되는 것입니다. 모르는 것은 성경의 권위로 돌리고 성의있는 자세로 "저에게 시간을 주시면 차후에 연구해서 말씀 드리겠습니다"라고 말하기를 꺼려하지 마십시오.

반대의견 처리시 전도자의 주의할 점은 전도자는 그들의 궁금증을 모두 답변하려고 전도 현장에 나오지 않았다는 사실입니다. 우리 관심은 복음제시에 있다는 사실을 늘 상기하십시오.

### ✠ 반대의견에 대처하는 변증론²

첫째, 영어로 변증론을 아폴로제틱스(Apologetics)라고 부르는데 이는 "구두로 변호한다"는 의미를 가진 희랍어 "아폴로기아"에서 온 단어입니다.

사도 바울은 유대인들에게 "부형들아 내가 지금 너희 앞에서 변명하는 말을 들으라"(사도행전 22:1)고 말했습니다. 반대의견 처리에 있어 변증은 합리적이어야 합니다. 영혼을 구하는 일에 동일하게 중요한 것은 변증할 때 바른 태도로 임해야 하는 점을 전도자는 유념해야 합니다.

기독교는 역사적이며 사실에 입각할 뿐 아니라 성경은 합리적이기 때문에 전도자는 변증을 통해 이치에 맞는 말로 깨닫도록 전도 대상자를 도와주어야 합니다. 자신이 믿는 바를 이성적으로 명확하게 이해할 때 보다 효과적으로 설명하고 변증할 수 있게 됩니다.

둘째, 전문적인 전도자가 개인의 주관적인 경험이 주는 느낌에 의존하는 일은 아주 위험한 일입니다.

혼자서 믿으려면 상관없지만 타자에게 전하려면 개인의 주관적인 경험은 항상 객관적인 진리와 적절하게 관련되고 이해되어야 합니다. 우리에게는 개인적인 특별한 체험이 있을 수 있습니다. 그러나 교회의 2000년의 역사는 보편적 진리의 말씀이 교회 전통의 맥을 잡고 이어져 왔다는 사실을 전도자는 명심해야 합니다. 그러나, 어떤 전도자들은 지적인 답을 다 가지고 있지만 그것들을 뒷받침해줄 만한 주관적인 경험을 갖고 있지 못하기도 합니다. 그러므로 전도자는 지적인 답과 주관적인 경험이 적절하게 균형을 이루도록 해야 합니다.

대부분의 불신자들이 믿음을 갖게 되는 동기는 한자 믿을 신(信)자의 뜻처럼 사람(人)과 말(言)이 일치할 때 마음이 열려 전도자 속에 있는 그리스도를 믿게 됩니다. 그러므로 전도자 개인의 경험이 성경적인 진리와 일치된 삶을 살 때에 하나님의 메시지도 효과적으로 전달될 것입니다.

**셋째, 변증론에서 가장 높은 권위를 지니는 것은 하나님의 말씀, 바로 성령의 검입니다.(에베소서 6:17)**

논리와 변증으로 사람을 설득할 수 있으나 하나님의 진리를 확신시키고 죄에 대해 책망하고 죄인들로 하여금 진리를 믿고 영생을 받아들이도록 하시는 분은 성령이십니다.(요한복음 16:13) 단지 변증론은 성령이 일할 수 있도록 전도자가 할 수 있는 인간의 일일뿐입니다.

## ✠ 반대의견을 처리하는 대화의 단계

개인전도에 있어서 현장경험이 많지 않은 전도자들은 예상치 않은 반대의견에 당황할 때가 많습니다. 전도자가 기도하고 훈련한 복음내용을 순탄하게 전할 수 있도록 준비된 영혼이 그리 많지 않기 때문입니다. 복음제시 중 예상하지 않았던 반대의견에 부딪치면 당황하지 말고 여유를 갖고 그 질문에 대해 이런 대화의 방법을 취하십시오.

(1) **질문에 대한 이해** 전도 대상자의 말에 표현된 사실만이 아닌 그의 이야기의 이면에 내포되어 있는 의미를 포착해야 합니다.
(2) **공감** 그 질문에 대해 감사하십시오.
(3) **명료화** 질문을 진지하게 받아주면서 그 질문을 정확히 반복하십시오. 또는 고쳐 말하여 그 의도를 확인하십시오.
(4) **처방과 답변** 확인된 의도에 따라서 말하거나 넘어가십시오
(5) **성경이 말하고 있는 해답** 가장 정확한 대답은 성경입니다.
(6) **복음제시로 신속히 돌아가십시오** 전도자의 최종 목적은 복음제시에 있습니다.

첫째, 질문에 대한 이해 (Clarification)

　전도 대상자가 자주 하는 반대의견의 특성을 분석해 보면 정작 마음속에 있는 내용을 진솔하게 표현하기보다는 표면화된 것들만 겉으로 표현하는 것을 보게 됩니다. 전도자는 예리한 통찰력으로 빙산(氷山)의 일각(一角)을 보면서 그 내면에 있는 근본 문제를 찾아 그의 의도를 확인 해야하는 것입니다. 근본문제를 파악하지 않고 표면화된 대화만을 다루게 된다면 헛된 시간을 허비하다가 복음제시를 놓치게 되는 경우가 많습니다.

**둘째, 공감 (Empathy)**

공감은 전도자 자신의 감정을 통제하고 전도 대상자의 정서를 함께 경험하는 태도입니다. 전도자와 다른 생각과 감정, 신앙의 기준을 가진 전도 대상자를 그대로 수용하는 것을 말합니다.

열심 있는 전도자가 자주 범하는 실수는, 반대의견에 부딪쳤을 때 자신이 알고 있는 복음의 내용(성경지식)으로 전도 대상자에게 성급하게 해답을 주려는 데 함정이 있습니다. 그의 질문을 공감하지 않고 마음의 여유없이 즉각적으로 생각나는 말로 받아치는 경우가 많습니다. 이런 체질화된 우리의 대화 형태가 *화* 를 부르게 됩니다. 반대의견을 처리하는 대화의 기술에도 공감 단계가 필요합니다. 성급히 말하려는 우리의 열심을 잠시 가다듬고 질문한 내용을 진지하게 듣고 그 질문에 대해서 먼저 감사하는 것입니다. 정상적인 복음제시는 전도자의 정중한 태도에 따라서 복음의 이해를 가능케 합니다. 우리는 모든 반대의견들을 긍정적인 태도로 대할 수 있습니다.

예를 들면
- 전도자는 마음과 시선을 주목하고 성의있는 자세로 듣습니다.
- 얼굴표정과 고개를 끄덕이는 행동을 자연스럽게 합니다.
- 답변하는 목소리와 억양을 부드럽게 합니다.
- 대화의 중심내용에 아래와 같이 반응합니다.

― "예."
― "계속하세요."
― "아 그러셨군요."
― "저도 한때는 선생님과 같은 생각을 했어요."
― "그건 참 중요한 질문이네요."
― "선생님 그렇게 솔직히 말씀 해 주셔서 감사합니다."
― "오늘 참 귀한 분을 뵙게 되었군요."
― "저도 선생님 말씀에 공감합니다."
― "부끄럽게 생각합니다."
― "참 좋은 지적을 해주셨습니다."

위와 같이 전도 대상자가 자기 속에 든 생각과 감정을 솔직하게 표현할 수 있도록 배려하여야 합니다. 전도자가 칭찬과 격려를 한다면 그들이 가진 많은 반대와 그리스도인에 대한 적개심이 사라지며, 쓸데없는 대결을 피하게 될 것입니다. 전도자 역시 그가 우리의 말에 귀를 기울이고 있을 뿐만 아니라 듣는 내용을 이해하고 있다는 것을 느낄 때 우리는 기쁘지 않을 수 없습니다.

**셋째, 명료화 (Clearness)**
전도 대상자의 이야기 속에 내포되어 있는 중심내용을 명료하게 반복함으로써 전도 대상자의 생각을 구체화시키고 확인된 주제에 따라 그의 질문을 명료화합니다. 명료화를 통하여 대상자에게 자기가 이해를 받고 있으며 전도자와 대화가 잘 진행된다는 느낌을 갖게 해줍니다.

이제 진지한 태도로 그 질문을 자연스럽게 받습니다.
"그것은 흥미있는 질문이군요."
"중요한 질문을 해주셨습니다."
"아! 그것이 궁금하시다는 말씀이군요?"
"아! 그 일 때문에 마음이 상하셨군요?"

이처럼 접근자세를 인격적으로 하면 거부감이 없어지고 반대의견의 70-80%는 사라지게 되며 여기서 이미 해결된다는 사실입니다
예수님은 당신 앞에 찾아오는 사람들의 말을 진지하게 받아주셨습니다. 당신은 진지한 복음을 전하기 전 진지한 태도로 들어줄 수 있어야 합니다. 또한 그 반대의견의 근본 동기가 무엇인가 핵심을 정확히 파악하기 위해서 그의 질문의 요지를 반복하여 말함으로써 질문의 핵심을 확인하는 것은 중요한 일입니다. 우리가 상대하고 있는 전도 대상자가 적대감을 갖거나 화를 내는 빛을 보이기 시작할 경우에는 진실한 마음으로 경의를 표함으로써 긴장감을 아주 효과적으로 해소시킬 수 있습니다.
"선생님께서는 왜 그렇게 기독교인들이 위선적이냐 하는 말씀이군요. 저도 선생님 말씀에 공감합니다."
적시에 이러한 말을 한다면 많은 논쟁을 비껴가거나 넘어갈 수 있을 것입니다.
전도 대상자가 반대의견을 시작하면 전도자는 그 말을 받아 주면서 동시에 마음속으로 기도를 시작하십시오. 성령께서 소망에 관한 이유를 묻는 자들에게 대답할 말을 주시도록, 복음의 광채를 비추지 못하게 하는 이 세상 신을 물리쳐 주시도록 간구해야 합니다.

### 넷째, 처방과 답변 (Solution & Response)

올바른 진단은 바른 처방을 할 수 있습니다. 또한 올바른 처방은 상대방의 주제를 바꾸지 않습니다. 전도자는 자기가 알고 있는 기독교에 대한 지식을 과시하려는 경향이 있습니다. 그러나 나의 생각이나 관점에 따라 답변하지 말고 가르치는 자세보다는 함께 방안을 찾는 자세를 갖는 것이 바람직합니다. 또한 반대의견의 핵심적인 요지를 바르게 진단하고 확인된 의도에 따라서만 명료한 대답을 주는 훈련이 필요합니다. 복잡한 말을 단순하게 표현하는 전도자가 매력이 있습니다.

반대의견이 나오면 정면(권투)으로 답변하지 말고 비껴가거나 넘어가십시오. 우리는 본능적으로 어떤 반대에 부딪칠 때 정면으로 대결해서 그것을 꺾어 버리던가 무조건 피해 버리는 경향이 있습니다. 이러한 경향은 전도 대상자의 영원한 행복을 위해서라도 극복해야만 하는 과제입니다. 결코 부정적으로 논쟁하지 말 것을 권합니다.

그리고 상대방의 반대의견을 역이용하는 유도기술을 사용하십시오. "선생님! 방금 하신 질문에 대해 선생님은 어떻게 생각하세요?"
이런 대화의 형식으로 비껴가거나 자연스럽게 넘어가십시오. 상대방과 논쟁에서는 이겨도 영혼을 잃게 된다는 사실을 전도자는 잊어서는 안될 것입니다. 우리가 대하고 있는 전도 대상자들은 영적 어린아이가 아니라 아직 태어나지도 않은 영혼임을 기억해야 하며 단순히 전도자의 영적 수준에 맞추어 전도 대상자들과 대화해서는 안될 것입니다.

당신의 목적을 잊지 마십시오! 당신이 믿는 바를 주장하는 일도 목적이 아니며 논쟁에서 이기는 것도 당신의 목적이 아닙니다. 당신의 최종 목적은 복음을 전하는 데 있습니다.

**다섯째, 성경이 말하고 있는 해답**

무엇보다도 중요한 것은 성경말씀이 갖는 권위와 능력을 전도자는 인식해야 합니다. "선생님, 지금 우리 눈에는 천국과 지옥이 보이지 않지만 성경에 분명히 심판이 있음을 말씀하고 있습니다. 한번 죽는 것은 사람에게 정하신 것이요 그 후에는 심판이 있으리니(히 9:27)." 온유한 마음으로 하되 단호한 전도자의 태도도 잊지 말아야 합니다.

**여섯째, 복음제시로 신속히 돌아가십시오.**

지금 가장 중요한 것은 상대방의 궁금증을 해결해 주는 것이 주요 관건이 아니라 상대방에게 복음을 전하는 데 있음을 명심하고 속히 복음제시로 돌아가십시오.

이 세상에 모든 궁금증을 해결하고 나서 그리스도를 영접한 사람은 한 사람도 없을 것입니다. 수십 년에 걸쳐 이해된 기독교의 교리를 한 순간에 이해시키려는 것은 무리입니다. 우리의 가장 큰 과제는 전도 대상자가 집중하여 들을 수 있는 효과적인 시간을 복음의 내용과 관계없는 잡다한 것에 시간을 허비하지 말고 속히 복음제시로 돌아가는 것입니다.

질문에 답하는 가장 좋은 방법은 질문으로 답하는 것입니다. "제가 그 질문에 대답을 해드리기 전에 먼저 한 가지 질문을 드려도 되겠습니까? 선생님, 만일 오늘밤이라도 이 세상을 떠나신다면 천국에 들어갈 것을 확신하고 계십니까?"

이것은 효과적인 복음 제시를 위한 의사소통의 지혜입니다.

앞에서 제시한 반대의견 처리의 일반적인 자료들을 잘 익혀서 성경의 확실성에 관한 지식을 축적하고 실제 전도현장에서 활용할 수 있도록 연습하는 시간을 가져야 할 것입니다. 일반적인 원리를 익히는 가장 좋은 방법은 반복하여 계속 읽고 또 다른 전도자와 실전처럼 연습하는 것입니다. 그러나 주의할 것은 기계적으로 암송하는 것처럼 들리지 않도록 늘 진지하고 새롭게 사람을 대면해야 합니다. 전도자는 말 재주꾼이 되어서는 안됩니다. 말을 조리 있게 잘하는 것도 중요하지만 말에 진실성이 있어야 합니다. "하나님의 나라는 말에 있지 아니하고 오직 능력에 있음이라"(고전도전서 4 : 20)고 성경은 말씀합니다.

# 제 2 장

## 복음제시 대화의 서론

## 일상생활에 접근하는 은사

보다 많은 전도의 기회를 얻기 위해 하나님께서 우리에게 주신 은사를 활용하는 것은 지혜입니다. 요리를 잘하는 사람은 맛있는 음식이나 밑반찬을 만들어 이웃과 나눔으로 전도 대상자와 대화의 접촉점을 삼고, 침을 잘 놓는 분은 침으로, 꽃꽂이를 잘하는 분은 꽃꽂이로, 대인관계가 좋은 사람은 통장이나 부녀회 회장으로, 조기축구 회장으로, 조기 테니스 회장으로, 우리 주변 생활 속에서 만나는 사람들을 전도의 기회로 삼기 위해 성령에 민감하게 깨어 있어야 합니다. 전도의 기회는 찾아오는 것이 아니라 포착하는 것입니다. 특별히 주변 전도 대상자의 애경사에 관심을 갖는다면 보다 많은 전도 대상자를 만나게 될 것입니다. 지혜로운 전도자는 전도 대상자를 찾기 위해 전도의 대화 접촉점을 개발하여 전도를 생활화하고 있습니다.

## 평소 신뢰받는 일상생활

　평소 이웃과의 친근한 일상생활을 통해 신뢰받는 삶을 살게 되면 복음에 대한 깊은 설명을 하지 않아도 그리스도인의 영적인 삶이 유익하다는 것을 아무런 의심없이 받아들일 것입니다. 우리는 세상으로부터 신뢰받지 못하는 삶을 살 때 긴 설명을 해야 전도 대상자의 마음의 문을 열 수 있습니다. 해변에 싱싱하게 살아 있는 조개를 억지로 열려고 하면 더욱 굳게 다물게 되는 것을 볼 수 있습니다. 그러나 조개를 따뜻한 물에 살며시 담그면 자연히 입을 열듯이 전도 대상자에게 그들의 관심사로, 따뜻한 마음으로 대할 때 굳게 닫힌 마음의 문이 열리게 되는 것입니다.

## 대화의 수준

전도자가 도시나 농촌에서 복음을 전할 때 사람들의 지식 정도, 생활습관, 문화의 차이가 있고 가치관이 다르다는 것을 이해하지 못하고 획일적으로 복음을 전할 때가 있습니다. 그래서 전도자는 그들과 동떨어진 언어와 표현방법으로 복음을 제시하게 되고 그 결과, 복음을 거부하거나 외면하게 만든다는 것입니다. 전도자는 먼저 전도 대상자가 어떤 형태의 사람인지 분명히 알아야 합니다. 또한 전도자는 전도 대상자에 따라 그들이 원하는 수준과 기대치가 무엇인지 대화의 서두에서 정확히 파악할 수 있어야 합니다. 복음의 재료는 동일하지만 이것을 구매자의 입맛에 맞게 요리하기 위해서 다양한 양념과 요리법이 필요합니다. 전도 대상자가 소화시키기 어려운 표현은 도전과 자극을 주는 데 별 효과를 거둘 수 없을 것입니다. 전도 대상자가 알고 있는 단어나 내용을 전도자가 적절하게 사용함으로, 전도 대상자가 복음을 이해하는 데 도움을 줄 수 있습니다. 전도 대상자는 대화의 내용이 지금 현재의 자신의 삶에 필요하거나 중요한 것임을 인식하게 되면 쉽게 대화에 응하게 되기 때문입니다.

## 재치있는 대화의 소재

　전도 대상자와 첫 서두의 대화는 전도의 성공 여부가 달려 있을 만큼 중요합니다. 첫마디를 잘못 시작하면 복음제시가 어려워지게 됩니다. 대부분의 반대의견은 전도 대상자와 공감대를 자연스럽게 유도하지 못하는 데서 비롯됩니다. 처음 대면할 때 전도자의 좋은 인상과 대화의 첫마디가 복음제시 성패를 좌우합니다. 사람은 사소한 것에 마음을 얻을 수도 있고 빼앗길 수도 있습니다. 그러므로 전도자가 전체 복음제시를 효과적으로 하기 위해서는 처음 대화의 서두는 어떤 형태가 좋으며, 어떤 대화의 소재로 전도 대상자의 마음을 얻어야 할지를 연구해야 합니다. 대화의 서두를 잘못하면 복음의 씨앗이 그들의 마음밭에 떨어지기 전에 마음의 문이 닫힐 것입니다. 그러나 대화 서두의 소재가 자연스러우면 복음을 보다 효과적이고 적절하게 제시할 수 있으며 감동있게 복음을 듣던 전도 대상자가 마음의 결단을 할 수 있도록 도와줄 수 있습니다. 공감대 형성은 전도 대상자의 마음을 여는 데 결정적인 요인이 됩니다. 전도 대상자가 마음의 문이 열려 있는 상태에서 복음을 전한다면 귀중한 시간을 낭비하지 않을 것입니다.

　복음제시를 처음부터 엄숙하고 따분한 대화로 시작한다면 전도 대상자가 빨리 대화 내용에 지쳐 끝나기를 바랄 것입니다. 그러므로 처음 대화는 아주 흥미있는 주제로 시작하여야 합니다. 복음제시 대화의 서두는 화가가 그림을 그리기 전 초벌 스케치를 하면서 구상하는 것과 같습니다. 전도 대상자와 대화의 흥미를 갖기 위해서 세심한 관찰을 통해 위트있는 대화의 소재를 발견하여 일반적인 대화를 나누면서 어느 정도 친분관계가 형성되고 마음의 문이 열린 듯 싶으면 생활 속의 어려운 문제들을 제기하고 삶에 대한 진지한 대화로 진행하는 것이 좋습니다. 자연스러운 일반적인 대화를 통해, 전에 가졌던 그리스도인에 대한 편견과 선입관이 대화의 서두에서 벗겨져야 합니다. 시인은 시상을, 음악가는 악상을, 화가는 구상을 통한 스케치를 합니다. 그들이 이런 작업들을 통해 먼저 완성된 작품을 마음에 이미지업(Image up)하듯이, 전도자도 전도 대상자를 위한 이런 자세가 기도 중에 늘 살아 있어야 합니다.

## 1.

## 대머리와의 공감대 형성

### ❖ 공감대를 형성하십시오.

　서산에서 경찰관 한 분을 만나 복음을 전한 적이 있습니다. 전도자로 함께 동행한 40대 성도 한 분이 자연스럽게 대화의 문을 처음 열었습니다. 자기 대머리를 만지면서 말입니다. "선생님 저와 비슷한 부분이 있으시군요. 하하!" 참 묘하게도 전도 대상자와 성도가 똑같이 머리가 벗어졌던 것입니다. 처음부터 한바탕 웃으면서 대머리에 관한 이야기로 대화를 시작하게 되었습니다.

　함께 동행한 전도자 중 가장 공감대에 쉽게 접근할 수 있는 사람이 첫 마디를 시작하는 것이 중요합니다.

## 2.

## 예수님의 접근 방법

### ✤ 상황에 민감할 수 있는 영적인 통찰력을 가지십시오

사마리아 여인이 사람들을 피해서 대낮에 우물가에 나온 이유를 예수님은 영적인 통찰력으로 진단할 수 있었습니다. 전도자는 예수님과 같을 수는 없지만 많은 경우 우리가 전도를 생활화할 때 하나님은 전도의 현장에서 사람을 볼 수 있는 영적인 통찰력을 주십니다.

### ✤ 효과적인 친밀감 형성을 위해 도움을 청하십시오

전도 대상자와 접촉점을 찾기 위한 그들의 일상생활 접근 방법 중 하나는 상황에 민감하게 반응하면서 그가 나를 돕고 기뻐할 수 있도록 작은 도움을 요청하는 것입니다. 상대편이 도움을 주고 기뻐할 수 있는 상황이라면 상대방의 기쁨을 위해 도움을 받아 그에게 보람을 갖게 하는 것도 좋은 방법입니다. 예수님은 여인과의 자연스러운 처음 대화를 작은 도움을 요청하는 것으로 시작하셨습니다. "사마리아 여인 하나가 물을 길러 왔으매 예수께서 물을 좀 달라 하시니." (요한복음 4:7) 예수님은 곧 이어서 물에 관한 말씀에서 자연스럽게 영생으로 이끌어가고 계십니다. "내가 주는 물을 먹는 자는 영원히 목마르지 아니하리니 나의 주는 물은 그 속에서 영생하도록 솟아나는 샘물이 되리라"(요한복음 4:14)고 하셨습니다.

상대방에게 부담을 주지 않는 자연스러운 대화의 기술은 짧은 시간 안에 그의 마음을 얻을 수 있습니다. 또한 신뢰 관계는 도움을 받을 때보다 상대방에게 도움을 줄 때 더 증폭되는 법입니다.

## 3.

### 할머니를 이해하는 허사가

**❖ 귀 기울여 들으십시오.**

전도자의 큰 미덕 중 하나는 인내라고 생각합니다. 믿음을 갖고 포기하지 않는 인내는 우리가 하나님을 신뢰하는 믿음의 척도가 됩니다.

전도자가 대화의 주도권을 잡고 대화를 진행하되 말하는 것보다 잘 듣는 것이 복음제시를 위한 좋은 관계를 유지하는 데 유익합니다. 이야기 내용 중 전도 대상자의 일반적인 생활을 파악하고 그의 영적 상태를 진단할 수 있습니다. 전도 대상자의 말을 들을 때 그의 대화에 참여하는 자세로 순간순간 그의 대화에 반응하게 되면 의사소통에 윤활유가 될 것입니다.

경남 함양에서 하숙 생활을 하던 때 밥을 해주시던 70대 할머니에게 복음을 전한 적이 있습니다. 어느 월요일 오후시간 마루에 앉아 있는 할머니에게 찾아갔습니다. 그때 할머니는 지나온 세월을 이야기로 흥미있게 들려 주셨습니다. 할머니의 말씀 중 의미를 두고 말씀하신 것은 40여 년 전 남편이 남양군도에 징용갔다는 것이었습니다. 지금까지 젊어서 헤어진 남편의 생사를 알지 못하는 가슴아픈 사연을 들려 주셨습니다. 전도자는 할머니 이야기를 다 듣고 할머니에게 다음과 같이 말을 꺼냈습니다. "할머니 지금은 고인이 되어 하늘나라에 계시는 유명했던 목사님께서는 할머니와 같이 한(恨) 많고 슬픔 많은 사연을 갖고 계신 분들을 위하여 이런 노래를 부르면서 위로를 주었답니다."
♪ 이팔청춘 그 꽃다운 시절도 지나고 혈기방장 그 장년도 옛말이 되누나 성공실패 꿈꾸면서 웃고 우는 그 순간에 원치 않는 그 백발이 눈서리 휘날리누나 ♪ (허사가)

할머니가 공감할 수 있는 허사가를 통해 할머니의 마음을 명료화해주며 할머니의 마음을 얻어낼 수 있었습니다. 이것이 한국 정서 속에서 복음을 전하는 한 방편이 되기도 합니다.

이 노래가 끝나자 할머니 눈가에는 눈물이 고여 있었습니다. 할머니 심령을 가난한 마음으로 하나님이 바꾸어 가시는 것을 보았습니다. 이처럼 그들의 내면에 품고 있던 마음을 귀기울여 듣고 대화의 내용을 그 분의 가장 큰 관심사에서 출발하는 것은 복음전도의 준비과정으로 매우 중요합니다.

## 4.

### 할아버지의 상패와 족보

### ✜ 관찰하십시오

  관계중심 전도 대상자가 없으면 축호전도를 통해 개인전도를 해야합니다. 요즘 축호전도는 참으로 어렵습니다. 그러나 100명 정도 접촉하면 5% 대화를 할 수 있다는 통계가 있습니다. 우리는 설문지를 통해 전도 대상자를 찾아내야 합니다.

  오래 전 경남 함양에서 75세의 할아버지를 만난 적이 있습니다. 아주 호화로운 단독 주택에 살고 계셨는데 대문 앞에서 기도한 후 벨을 눌렀습니다. 근엄한 목소리로 "누구시오?" 하는 것이었습니다. 그때 떨리는 마음을 가다듬고 또박또박 "안녕하세요? 저는 이곳에 사시는 분들의 종교현황을 알아보기 위해서 나왔습니다. 제게 도움될 간단한 설문에 대답해 주실 수 있겠습니까?" 그러자 대문이 요란한 소리와 함께 철커덕하고 열렸습니다. 대문을 열고 들어가자 현관문을 열고 나오시는 할아버지 모습은 산뜻하게 차려입은 한복에 흰 수염이 길게 휘날렸습니다. 순간 무슨 말을 먼저 해야 할지 당황스러웠습니다. 그 찰나의 시간에 할아버지 등뒤로 커다란 상패가 눈에 들어왔습니다. '김성겸'이라는 할아버지 이름을 알 수 있었습니다. 저는 할아버지를 초면에 보자마자 인사를 드리고 "할아버지 김해 김씨이시군요." 그러자 할아버지 안색이 밝게 변하는 것을 느낄 수 있었습니다. 저는 기회를 놓치지 않고 "할아버지 저는 김해 김가 '태' 자 항렬입니다." 그러자 할아버지는 얼른 들어오라고 하셨습니다. 할아버지와 마주보고 앉기 전에 선친께서 같은 종씨를 만나면 항렬이 낮아도 어른이시면 예를 표하라고 하신 말씀이 생각나 차림새를 가다듬고 절을 했습니다. 할아버지도 당황했는지 함께 맞절을 했습니다. 대문을 열고 들어가 여기까지 오는데는 2분 정도 걸린 것 같습니다. 잠시 일반적인 대화를 나누던 중 할아버지는 쓴 커피와 사과를 쑤벅쑤벅 급하게 깎아 오셨습니다. 대화가 잠시 진행되던 중 밖에서 전화가 왔습니다. 약속된 장소로 빨리 나오라는 독촉 전화이었습니다. 할아버지의 통화 내용은 이렇습니다. "지금 귀한 손님이 와 계시기 때문에 잠시 후에 가겠다"는 것이었습니다. 그날 하나님의 도우심으로 귀찮은 전도자가 귀한 손님이 되었습니다. 나중에 알고 보니 할아버지는 김해 김씨 종친회장이셨습니다.

 모든 전도 대상자와의 만남이 다 이렇게 순조롭게 진행되는 것은 아니지만 가끔은 하나님께서 선정해 두신 영혼을 만날 때가 있습니다. 전도자는 생활 속에서 그들의 일반적인 생활을 세심하게 관찰하는 훈련이 되어질 때 보다 자연스럽고 친근감있게 전도 대상자에게 다가갈 수 있습니다.

# 5.

## 아파트에서의 생활전도

### ✣ 당신의 삶에 초대하십시오

요즘 전도 대상자를 접촉하기가 너무 어려운 것이 사실입니다. 그러나 전도의 기회를 얻기 위해 좋은 인간 관계를 생활 속에 개발한다면 전도기회는 끊임없이 많습니다. 전도하기 싫은 이유를 말하려면 수만가지 이유를 붙일 수 있겠지만 전도의 기회를 찾자면 한없이 많습니다. 전도자는 삭막한 아파트 생활에서 평소 이웃과 신뢰의 관계를 쌓고 그들을 당신의 삶에 초대하여 간단한 다과를 나눈다면 쉽게 전도 대상자를 얻을 수 있을 것입니다. 그러나 여기서 주의할 점은 일상생활을 하루에 끝내려고 하지 말고 긴 시간을 가져야 한다는 것입니다. 전도 대상자에게 성급하게 복음을 전하려는 것은 금물입니다. 그들이 먼저 당신의 삶의 모습을 보고 그 기쁨의 근원이 어디서부터 오는지 궁금증을 갖게 될 때 자연스럽게 복음제시의 기회를 얻게 됩니다.

전도자 한 사람이 언제나 아파트 엘리베이터 안에서 만나는 아주머니에게 복음을 전하려는 생각을 갖고 기도 중에 있었습니다. 나이는 30대 중반으로 힘있고 기쁨으로 살아야 할 이 아주머니는 늘 어두운 그늘이 있었습니다. 평소 낯익은 이웃이라 아이들이 학교에 간 여유있는 시간에 아주머니를 집으로 초대했습니다. 자연스럽게 준비한 차를 나누면서 대화하던 중 고향이 같다는 사실을 알게 되었습니다. 공교롭게도 수년 전 대전여고를 졸업한 동창생이었습니다. 잠시 후 서로 말을 놓을 수 있는 친구사이로 바뀔 수 있었습니다. 우리는 그들에게 관심을 갖고 먼저 다가설 때 사람(생명)을 얻을 수 있습니다. 역시 전도의 기회는 우리가 관심을 가질 때 하나님이 상황을 만들어 가심을 또 깨닫습니다.

 전도자의 평소의 삶이 이웃에게 또는 생활 속에서 만나는 사람에게 친절과 좋은 인상을 주도록 훈련되어 진다면 보다 많은 전도의 기회를 얻게 될 것입니다. 그 동안 우리가 불청객(외판원, 보험회사직원, 신문배달원, 걸인, 전도자(?) 등)들을 만날 때 얼마나 매몰차게 대하였는가 생각해 보십시오. 우리 전도자들이 전도의 접촉점을 찾기 어려운 것은 평소 우리 삶 자체가 생활 가운데 전도하려는 마음과는 멀기 때문에 전도 대상자를 얻기 어려운 것입니다.

## 6.

## 감자박사의 일상생활

### ❖ 질문하십시오

 대화에 소극적인 사람도 자기에게 관심있는 삶의 주제가 나올 때는 대화에 흥미를 갖게 되기 마련입니다. 대화 중 상대방이 흥미를 갖고 있는 주제를 찾아내어 질문함으로써 굳게 닫힌 말문을 열게 할 수 있습니다. 대부분의 사람들은 자기를 자랑하고 인정받고 싶어하는 본능이 있습니다. 전도자는 전도 대상자가 자기 이야기를 할 수 있도록 대화를 잘 이끌어야 합니다.

 대관령에서 고랭지 감자에 권위를 가지고 있는 감자박사를 전도현장에서 만나게 되었습니다. 이분의 신앙의 고민은 복음서에 나타난 성육신 사건이 믿어지지 않는다는 것이었습니다. 성경은 비

합리적이고 비과학적이라는 것입니다. 사실 그분의 말씀대로 성경은 우리의 이성으로 믿어지지 않는 부분이 많습니다. 그래서 전도자는 그리스도에 대하여 전하는 말씀을 중단하고 그분의 관심 분야인 감자에 관한 이야기로 대화의 내용을 바꾸었습니다. 감자 이야기로 주제를 전환하자 아주 흥미있는 감자에 관한 이야기를 들을 수 있었습니다. 그분은 고랭지 감자에 관한 한 최고의 권위를 갖고 있는 것 같았습니다. 그분은 감자에 관한 모든 것을 알고 계셨으며, 박사 학위 논문도 감자에 대하여 썼다고 했습니다. 그런데 그분은 겸손한 마음으로 "저는 아직 멀었습니다. 제 논문은 지금까지 연구한 논문을 토대로 임상실험을 통해 얻은 연구결과일 뿐입니다. 제 일생을 연구해도 감자를 다 알 수 없습니다."라고 말하셨습니다. 순간 그분에게 창세기 1장에 기록된 하나님의 창조에 관한 말씀을 찾아 주고 싶었습니다. "…씨 맺는 채소와 각기 종류대로 씨 가진 열매 맺는 과목(果木)을 내라 하시매 그대로 되어"(창세기 1:11) "이 세상에는 각 나라의 기후에 따라 수 만가지 과일과 과목이 있습니다. 성도님! 그 중 땅속으로 열매 맺는 감자를 연구하신 박사님께서는 감자도 다 이해하지 못하시는데 어찌 창조주 하나님을 다 이해해서 믿을 수 있겠습니까? 이 세상에는 창조주 하나님을 다 알고 이해해서 믿는 사람은 없을 것입니다. 하나님은 이해의 대상이 아니라 믿음의 대상입니다." 그러자 이분의 마음속에 하나님의 그 광대하심과 그 지혜 앞에 숙연해지며 그분의 하신 일에 믿고자 하는 마음이 생긴 것 같았습니다. 전도자가 감동적으로 경험된 전도의 상황을 글로 옮겨 적는다는 것은 참으로 많은 제약이 따름을 전도해 본 사람이라면 공감할 것입니다.

# 제 3장

## 복음제시 대화의 서론에서 제기되는 반대의견들

## 성령과 인격

　전도자가 갖는 여러 고민 가운데 하나는 천국의 기쁨을 전하면서도 자신 안에 천국의 기쁨을 한결같이 유지할 수 없다는 사실입니다. 성경은 말씀을 전하기 전 성령의 기름 부으심이 있어야 한다고 말씀합니다.(사도행전 1:8)

　체계적인 복음제시 속에는 논리학, 수사학, 상담학이 잘 어우러져 있어서 전도자가 성령이 충만하면 복음은 더 효과적이고 능력 있게 전달되어질 것입니다. 복음제시에 있어서 무엇보다도 중요한 것은 성령을 의지하면서 복음을 제시하는 것입니다. 전도자는 성령의 능력을 배제한 논리, 상담, 분석, 언변은 복음의 광채를 가리울 수 있다는 것을 알아야 합니다. 건전한 신학의 기반과 기초학문은 복음을 싣고 가는 마차(馬車)는 될 수 있어도 복음과 동등된 위치를 차지할 수는 없습니다. 상품을 포장하는 포장지(包裝紙)가 내용물보다 더 요란해서는 안 된다는 것입니다. 또한, 효과적인 복음 제시는 자료나 내용이 아니고 전도자의 인격과 교양, 자질에 따라 가치있게 전달되어집니다. 바른 교회론과 건전한 신앙을 바탕에 두고 있는 전도자로부터 복음을 처음 듣고 좋은 양육자를 만날 때 전도 대상자는 바르게 성장할 수 있습니다.

## 강도 높은 야전훈련

　이론은 경험보다 앞설 수 없습니다. 전투를 많이 해본 군인은 상대방이 어떻게 공격해 올 것을 아는 법입니다. 전도에서도 마찬가지로 적용됩니다. 이론에 능통한 해양대학 노교수와 오랜 경험을 가진 바다 사람 어부가 고기를 잡는다면 누가 더 많은 고기를 잡겠습니까? 또한 프로권투 선수 메니저와 현역 선수가 실제로 권투경기를 한다면 누가 승리할 수 있겠습니까? 메니저는 현역 선수보다 이론으로 앞설지 몰라도 실제 경기에서는 현역 선수를 당해 낼 수 없을 것입니다. 그러므로 전도자의 현장전도 경험은 매우 중요합니다. 험한 산에서 눈 쌓인 빙판 절벽을 타고 내려오는 스키선수가, 넘어지지 않고는 훌륭한 선수가 될 수 없는 것처럼 전도자 또한 실패처럼 느껴지는 수많은 현장 전도를 통하지 않고는 훌륭한 전도자로 세워질 수 없는 법입니다. 전도교육에 가장 훌륭한 장소는 교실교육이 아니라 **전도현장**입니다.

전도현장에 나가기 전 실제로 전도현장에서 전도하는 것처럼 구체적으로 연습하는 것이 필요합니다.

앞의 1장에서 다룬 반대의견 처리의 기본 원리를 익혀 두고 대화의 단계를 생생하고 생동감있게 표현하며 반복하여 연습하십시오.

## 1.

### 내 주변에는 교회 다니고 있는 사람이 많이 있기 때문에 교회에 나가지 않아도 그들로 인해서 천국에 갈 수 있지 않습니까?

#### ✜ 질문에 대한 이해

전도 현장에서 경험하게 되는 것은 전도 대상자 중 90%는 과거에 주일 학교나 결혼 전 신앙생활을 하던 사람입니다. 남자의 경우 군대생활을 통해 한번쯤 교회를 다녀본 경험이 있습니다. 그러므로 그들의 과거 교회 배경을 찾아낸다면, 일반적인 이야기에서 영적인 대화로 들어갈 수 있는 전도의 도약의 단계가 될 것입니다.

전도자는 복음제시 대화의 서두에서 전도 대상자의 주변에 교회 배경을 갖고 있는 사람을 찾는 것이 매우 중요합니다. 대부분 우리가 만나는 전도 대상자를 살펴보면 그들 주변에 신실한 믿음의 사람들이 이 영혼을 위해 기도하고 있음을 보게됩니다. 전도 대상자의 교회배경을 찾는 것이 중요한 것은 기도하는 어머니의 마음으로, 형제의 마음으로, 신실한 누이의 마음으로, 아버지의 마음으로 더욱 친근감있게 전도 대상자에게 다가갈 수 있기 때문입니다.

**전 도 자**  네! 선생님 어머님께서 권사님이셨군요. 선생님께서도 함께 교회 나오시면 얼마나 좋으시겠어요!

**반대의견** 사실, 저는 가족들이 모두 교회에 다니고 있기 때문에 지금 교회에 나가지 않아도 나는 천국에 갈 것을 믿습니다.

**공 감** 선생님, 그건 참 중요한 말씀이네요!
사실 저희 아버님도 같은 말씀을 하셨어요

**명 료 화** 그러니까 선생님께서는 주변 분들의 신앙심으로 나 하나쯤 천국에 들어가지 않겠는가 하는 생각을 갖고 계시다는 말씀이시군요.

**처방과 답변** 선생님! 어떤 기독교인들은 목사님과 함께 자동차를 타고 가면 안전은 보장된 것으로 착각하는 수가 있지요. 목사님을 마치 큰 부적처럼 생각하는 것이죠. 그러나 천국을 소유하는 것은 조상이나 부모로부터 물려받는 혈통과 관계가 없다는 것입니다. 또한 천국은 인간 스스로 노력을 통해 얻는 육정(肉情)과도 관계없습니다. 구원은 개인적인 것입니다. 사람의 뜻을 통한 종교적인 행위로도 다른 사람의 믿음으로도 천국을 얻을 수는 없습니다. 오직 개인적으로 하나님께서 주시는 영생을 선물로 받을 수 있습니다.

### ✣ 성경이 말하고 있는 해답

"영접하는 자 곧 그 이름을 믿는 자들에게는 하나님의 자녀가 되는 권세를 주셨으니 이는 혈통(血統)으로나 육정(肉情)으로나 사람의 뜻으로 나지 아니하고 오직 하나님께로서 난 자들이니라"(요한복음 1:12-13)라고 말씀하고 계십니다.

### ❖ 복음제시로 신속히 돌아가라

　교회가 세워진 목적은 사랑과 섬김을 통해 영생의 삶을 보여주고 사람들로 하여금 영원한 생명을 얻게 하고 그것을 더욱 풍성히 누리는 법을 전해주는 데 있어요. 선생님, 사실 교회가 전하고자 하는 일이 바로 이것이에요.[3]

## 2.

### 저희 집 사람이 열심히 기도 드리고 있기에
### 나는 그 덕(德)에 아마 천국에 가지 않겠습니까?

### ✥ 질문에 대한 이해

대부분 이런 유형의 질문은 전통적으로 우리 민족 밑바탕에 깔려 있는 미신적 종교성에서 나온 생각들입니다. 부모나 아내가 자신을 위해서 불공을 드려 주면 자신의 현세와 내세가 잘 될 거라는 막연한 생각에서 나온 말로 이해할 수 있습니다.

**전 도 자** 선생님은 선생님의 일상생활에서 오늘이라도 이 세상을 떠난다면 천국에 갈 것을 확신하고 계십니까?

**반대의견** 나는 교회에 가본 적이 없지만 우리 집사람이 교회 다니고 있기 때문에 분명히 천국에서 눈을 뜰 수 있을 것입니다.

**공    감**  저희 아버님께서도(영생을 얻기 전) 선생님과 똑같은 생각을 갖고 계셨어요. 선생님 우리가 함께 중요한 주제를 다루기 전 그 말씀을 해주셔서 감사합니다.

**명 료 화**  선생님! 우리 나라 종교문화권에서 충분히 그렇게 말씀하실 수 있다고 생각합니다.

**처방과 답변**  성경말씀에서도 지금 선생님께서 말씀하신 주제에 대하여 아주 중요하게 다루셨답니다. 저에게 그 주제에 관해서 이야기할 기회를 주셔서 감사합니다.

### ✠ 성경이 말하고 있는 해답

"나더러 주여 주여 하는 자마다 천국에 다 들어갈 것이 아니요 다만 하늘에 계신 내 아버지의 뜻대로 행하는 자라야 들어가리라" (마태복음 7:21)라고 말씀합니다.

### ✠ 복음제시로 신속히 돌아가라

선생님 우리의 대화를 위해서 가족들의 믿음으로는 천국에 갈 수 없다고 가정해 봅시다. 제가 조금 전에 말씀드린 대로 천국은 하나님께서 값없이 주신 선물입니다.

## 3.

### 나는 하나님을 믿고 있습니다
### 교회에 꼭 다닐 필요가 있겠습니까?

### ✤ 질문에 대한 이해

 이런 분들은 유일신이신 하나님을 믿는 것이 아니라 범신론적 하나님을 믿고 있는 경우가 많습니다. 대화의 서두에서 종교적인 이야기로 시작하면 강한 거절을 하게 마련입니다. 전도자는 전도 대상자들의 일반적인 생활을 다루면서 그들의 종교배경에 자연스럽게 접근하여 그가 느끼지 못하도록 일상적인 이야기에서 영적인 문제로 접근해 가야 합니다.

**전 도 자**  네! 자녀들은 교회에 열심히 다니고 계시군요.

**반대의견**  나는 애들처럼 교회 출석은 하지 않지만 하나님은 믿습니다.

**공    감**  선생님 그 말씀을 해주셔서 감사합니다. 교회는 다니지 않지만 하나님을 믿는다고 하시는 걸 보니 선생님은 하나님이 살아계신 것을 믿으시는군요.

**명 료 화**  선생님께서 교회에 정기적으로 출석하지는 않지만 하나님을 믿고 계시다는 말씀이시군요. 선생님이 알고 있는 하나님에 대해서 말씀해 주실 수 있겠습니까?

**처방과 답변**  선생님 제가 알고 있는 하나님에 대해서 좀더 말씀 드리겠습니다. 하나님은 자비로운 분이시라 우리를 벌하기를 원치 않으십니다. (여기서 복음제시로 돌아갈 수 있습니다.)

### ✥ 성경이 말하고 있는 해답

"나더러 주여 주여 하는 자마다 천국에 다 들어갈 것이 아니요 다만 하늘에 계신 내 아버지의 뜻대로 행하는 자라야 들어가리라." (마태복음 7:21)라고 말씀하고 계십니다.

### ✥ 복음제시로 신속히 돌아가라

선생님, 교회는 하나님께서 선물로 주신 영원한 생명을 얻고 그것을 더 풍성히 누리는 법을 전하고 있어요.

## 4.

### 교회에 다니는 사람이 비리가 더 심하지 않습니까?

**▣ 질문에 대한 이해**

많은 전도 대상자들은 예수 그리스도는 훌륭한 성인으로 인정하지만 예수쟁이가 싫어서 예수 그리스도 앞에 나오기를 꺼려하고 있습니다. 신앙생활 하던 중 믿음을 포기하는 사람들 중에는 예수 그리스도에게 실족했기 때문이 아니라 대부분은 잘못된 그리스도인에게 마음에 심한 상처를 받고 떠나는 경우가 많습니다.

**전 도 자** 선생님 교회가 세워진 목적은 사랑과 섬김을 통해 영생의 삶을 보여주고 사람들로 하여금 영원한 생명을 얻게 하고 그것을 더욱 풍성히 누리는 법을 전해주는 데 있어요.

**반대의견** 제가 보기에는 교회에 다니는 사람이 더 비리가 심하다고 생각합니다.

**공　감** 저도 선생님 말씀에 공감합니다. 말씀을 듣고 보니 먼저 믿는 사람으로서 부끄럽게 생각됩니다. 얼마나 마음이 상심 되셨겠어요!

**명 료 화** 선생님 말씀은 기독교의 가르침이 바른 진리라면 왜 그렇게 많은 비리가 있을 수 있냐 이런 말씀이시죠? 제가 잘 이해했습니까?

**처방과 답변** 예수님께서도 이 문제를 중요하게 생각하셨어요. 서기관들과 바리새인들의 외식과 위선을 조심하라고 말씀하셨습니다. 선생님이 기억하셔야 할 것은 교회는 완전한 인격을 소유한 사람만이 모인 곳이 아니라 이처럼 불완전한 사람도 많이 있다는 것입니다.

### ❖ 성경이 말하고 있는 해답

"이 백성이 입술로는 나를 존경(尊敬)하되 마음은 내게서 멀도다"(마태복음 15:8)라고 말씀합니다.

### ❖ 복음제시로 신속히 돌아가라

교회가 세워진 목적은 사랑과 섬김을 통해 영생의 삶을 보여주고 사람들로 하여금 영원한 생명을 얻게 하고 그것을 더욱 풍성히 누리는 법을 전해주는 데 있어요. 그런데 교회 역사를 보면 우리가 영생의 실제의 모습을 보여주는 데 상당히 미약했던 것 같아요.

## 5.

### 교회에 다니는 사람이 왜 사기를 칩니까?

### ❖ 질문에 대한 이해

 먼저 부끄러운 마음의 자세로 정중하게 들으십시오. 이런 질문의 유형은 주변의 기독교인으로부터 물질적 손해나 마음에 깊은 상처를 갖고 있는 사람입니다. 이들은 신자의 행위로 인해 환멸을 느낀 사람들입니다. 그들은 이러한 행위가 기독교의 가르침을 무효화한다고 가정하고 기독교와 전혀 관계하지 않으려 합니다.

**전 도 자** 선생님 교회 한번 가보신 적이 있으세요?

**반대의견** 저는 교회에 다니는 사람에게 사기를 당한 적이 있습니다.

**공    감**  그런 일이 있으셨군요! 선생님 저는 그와 같은 말씀을 들을 때마다 먼저 믿는 사람으로서 참으로 부끄럽게 생각합니다. 선생님께서 그렇게 말씀하시는 것이 무리가 아니라고 생각해요.

**명 료 화**  사실 선생님께서는 예수님을 안 믿으셔도 이렇게 정직하고 의롭게 사시려고 노력하시는 것을 뵈니 고개가 숙여집니다. 선생님 같은 분을 만나서 부끄럽지만 용기를 얻게 됩니다.

**처방과 답변**  선생님 교회생활을 하다보면 교인 중에는 형편없는 사람이 선생님 생각보다 더 많습니다. 교회 밖에서 보셔서 그렇지 사실은 더 많아요. 그런데도 제가 왜 교회를 다니고 있는가 하면 저도 그들과 다를 바 없는 죄인임을 깨닫게 되었고, 이 형편없는 죄인들을 하나님께서는 포기하지 않으시고 구원하시려고 하는 하나님의 사랑을 깨달았기 때문이지요.

### ✜ 성경이 말하고 있는 해답

"사람은 다 거짓되되 오직 하나님은 참되시다 할찌어다"(로마서 3:4), "믿음의 주요 온전케 하시는 이인 예수를 바라보자"(히브리서 12:2)라고 말씀합니다.

### ✜ 복음제시로 신속히 돌아가라

오늘 선생님께 영원한 생명을 주시기를 원하시는 하나님의 사랑을 전하고 싶습니다. 질문 하나 드려도 되겠습니까?

## 6.

### 진리를 가르치는 교회에 왜 위선자들이 많은 겁니까?

### ❖ 질문에 대한 이해

　많은 그리스도인들 가운데는 자신에게는 관용하면서도 타인에 대하여는 율법적인 신앙 자세를 갖기 때문에 많은 전도 대상자에게 상처를 주고 그들과 불편한 관계로 인해 복음 전파의 기회를 찾지 못하고 있습니다. 이런 질문의 유형은 만일 기독교의 가르침이 진리라면 왜 그렇게 많은 위선자가 있는가 하는 것입니다. 그러나 이것은 그들이 갖고 있는 오해입니다. 어떤 사람들은 자신이 경험한 가장 추한 기독교의 모본을 즐겨 사용하면서 기독교인들을 비판합니다. 어떤 이들은 교회 전체가 위선자로 가득 차 있는 것처럼 말하기도 합니다. 그렇기 때문에 이토록 부작용이 많다면 기독교는 진리가 아님에 틀림없다고 결론을 짓습니다.

**전 도 자**  선생님 저희 교회가 힘써 하고자 하는 것은 사랑과 섬김을 통해서 사람들에게 영원한 생명을 얻고 더 풍성히 누리는 법을 전하는 일을 하는 거예요. 그것을 알고 계셨습니까?

**반대의견**  나는 예수 믿는 사람들이 더 위선자라고 생각합니다.

**공  감**  선생님 생각을 이렇게 솔직히 말씀해 주시니 감사합니다. 저도 선생님 말씀에 공감합니다.

**명 료 화**  네! 옳으신 지적이십니다. 신자들 중에서는 진정한 구원의 경험을 통해 변화된 적이 없는 사람들이 많습니다. 그렇기 때문에 그리스도인과 교인 사이에는 커다란 차이가 있지요.

**처방과 답변 1**  선생님! 위대한 그림의 모조품과 복사본이 있다고 해서 원작의 가치가 떨어지지는 않습니다. 기독교에 연루되는 많은 악행들은 진정한 그리스도인들의 행위가 결코 아니라는 말씀입니다. 선생님 그리스도인들은 자신이 완전하다고 주장하는 사람들이 아니라 완전히 용서받았다고 주장하는 사람들입니다. 가장 훌륭한 그리스도인들도 그들의 삶의 어떤 영역에서는 실패하지만 그것이 기독교의 진리를 무효화할 수는 없다는 것입니다. 중요한 것은 완전이 아니라 믿음의 성숙이라고 생각합니다. 성숙은 그리스도를 닮는 방향으로 이루어져 가는 것을 말합니다.

(단순하게 답하려면) 선생님 ! 교회생활을 하다보면 신자 중에는 형편없는 위선자들이, 선생님! 생각보다 더 많습니다. 그러나 가치 있는 것이 아니면 모조품이 나오지 않는다는 것입니다.

**처방과 답변 2 (적절한 예화)** 서울에서 공부하던 아들이 방학이 되어 시골집에 내려와 아버지 농사일을 돕게 되었습니다. 아버지가 소로 밭을 가는 것을 보고 자기도 한번 해보겠다고 소를 몰아 밭을 갈았습니다. 한참 밭이랑을 갈아 나가다가 뒤를 돌아보니 밭이랑이 꼬불꼬불 하게 갈아졌습니다. 아들은 어떻게 하면 밭을 반듯하게 갈 수 있는가를 아버지께 물어보았습니다. 아버지의 대답은 어떤 목표물을 하나 정해 놓고 그것을 똑바로 보면서 소를 몰고 가라는 것이었습니다. 아들은 아버지께서 시키는 대로 해보았습니다. 그러나 역시 마찬가지였습니다. 아들은 "아버지, 시키는 대로 했는데 왜 이렇게 되었습니까?"하고 물었습니다. 아버지께서는 "네 목표를 어디에 두었느냐?"고 물으셨고, 아들은 "예, 저 건너편 풀을 뜯고 있는 소를 목표로 했습니다."라고 대답했습니다. 그러자 아버지는 "문제는 네가 움직이는 목표물을 정했기 때문이다. 지금부터는 움직이지 않는 바위나 나무를 목표 삼아 밭을 갈아보아라!"라고 말했습니다. 아들은 다시 밭을 갈 때 움직이지 않는 고정된 목표물을 두고 밭을 갈았더니 그제야 밭이랑이 곧게 갈아졌다는 이야기입니다.

　선생님! 이처럼 신앙생활에서 조석(朝夕)으로 변하는 연약한 인생에 목표를 두고 신앙생활을 한다면 우리 신앙은 흔들릴 수 밖에 없답니다.

### ✚ 성경이 말하고 있는 해답

"화 있을찐저 외식하는 서기관들과 바리새인들이여 잔과 대접의 겉은 깨끗이 하되 그 안에는 탐욕과 방탕으로 가득하게 하는도다"

(마태복음 23:25)라고 말씀하고 있습니다.

### ✥ 복음제시로 신속히 돌아가라

 신자들의 이와 같이 비틀거리는 모습은 기독교를 기대하고 바라보는 사람들의 눈에 위선자로 보이기에 충분하다고 생각합니다. 지금 이 시간은 이와 같은 논쟁들을 잠시 접어 두고 선생님에게 영원한 생명을 주시기를 원하시는 하나님의 사랑을 전하고 싶습니다. 제 말씀을 좀더 계속해도 되겠습니까? 선생님 우리가 보는 바와 같이 위선적이고 불완전함에도 불구하고 하나님은 무궁한 사랑으로 우리를 사랑하신다는 것입니다.

## 7.

## 왜 그리스도인들이 도덕적으로 문제가 많은 겁니까?

### ❖ 질문에 대한 이해

 이런 질문의 유형은 주변에 기독교인으로부터 마음에 깊은 상처를 갖고 있는 사람입니다. 이런 경우 반드시 조심할 것은 결코 변호하지 말라는 점입니다. 예를 들면 "아니 그 집사님은 절대로 그러실 분이 아니예요", 혹은 "아니 사기꾼만 만났나요?" "그럴리가 없어요"라는 식으로 처리하면 논쟁에서 이길 수는 있을지 몰라도 복음 전하기는 힘들어집니다. 이와 같은 질문에 부딪칠 때 그리스도인은 지체 의식을 가지고 자신의 문제로 삼아 부끄러운 마음의 자세로 정중히 들어야 합니다.

**전 도 자**  영생을 얻기 전 저는 먼저 신앙 생활 하는 시어머니 모습을 보고 실망을 갖게 되었습니다.

**반대의견**  그 말씀 잘하셨어요! 저는 예수 믿는 사람이 더 잘못된 삶을 사는 경우를 많이 봤어요.

**공    감**  예 그러셨군요. 저도 한때는 그것 때문에 고민이 많았던 사람입니다. 저는 지금도 교회생활을 통해서 그런 당황스런 일들을 볼 때가 자주 있어요.

**명 료 화**  선생님, 교회라고 해서 모두 착하고 온전한 사람들만 모여 산다고 생각하지는 않는다는 말씀이시지요. 이 세상에 문제없는 사람이 어디 있겠어요? 그런데 선생님은 어떠세요? 선생님은 하루에 몇 번쯤 죄를 짓는다고 생각하세요? 성경은 말하기를 모든 사람이 죄를 범하였다고 말씀하고 있습니다. (여기서 복음제시로 돌아갈 수 있습니다.)

**처방과 답변**  선생님 교회에 얼마나 다니셨는지요? 저는 20년 째 다니고 있습니다. 교인들의 잘못된 점은 제가 훨씬 더 많이 보았습니다. 그런데도 제가 왜 교회 다니고 있는가 하면 우리는 죄인이 아닌 척하는 자들이 아니라 죄인임을 깨닫게 되었기 때문이지요. 그리스도는 죄인을 위해 오셨고 우리는 그것을 믿고 있어요. 문제는 현재 영생을 가지고 있는가 하는 것입니다.

✠ **성경이 말하고 있는 해답**

"그러므로 무엇이든지 저희의 말하는 바는 행하고 지키되 저희의 하는 행위는 본받지 말라 저희는 말만 하고 행치 아니하며"(마태복음 23 :3)라고 말씀하고 있습니다.

### ✜ 복음제시로 신속히 돌아가라

오늘 선생님에게 영원한 생명을 주시기를 원하시는 하나님의 사랑을 전하고 싶습니다. 선생님! 제가 질문하나 드려도 되겠습니까?

## 8.

### 왜 교회 다니는 사람이 고난을 많이 겪습니까?

**■ 질문에 대한 이해**

이런 질문의 유형은 현재 교회는 출석하고 있지만 늘 비판적이고 믿음이 잘 성장하지 않는 사람으로 그리스도인의 당하는 고난이 바로 하나님의 큰 사랑의 교훈과 축복임을 경험하지 못하고 현재 상황만 보고 판단하는 사람입니다.

**전 도 자**  교회에서 개인적으로 대화 나눌 시간이 없어 늘 아쉬웠는데 오늘 이렇게 저희들을 초대해 주셔서 감사합니다.

**반대의견**  집사님! 언젠가 개인적으로 묻고 싶은 질문이 하나 있었어요. 왜 교회 다니는 사람이 그렇게 고난이 많은지 이해하기가 어렵습니다.

**공    감**  자매님, 오늘 참 어려운 질문을 받게 되었네요. 저도 한때는 그것 때문에 의문이 많았던 사람입니다. 지금도 교회생활을 통해서 성도들 가운데 어려움을 겪는 가정을 가끔 볼 때가 있습니다.

**명 료 화**  자매님 말씀은 하나님이 믿는 자를 사랑하시고 보호하신다면 왜 그런 고난을 겪어야 하는지 이해할 수 없다는 말씀이시죠? 자매님께서는 왜 믿음을 갖고 진실되게 살아가려는 사람이 고난을 당하게 되는지 의문이 가실 거예요. 그런데 자매님 믿음을 갖고 있다고 해서 모든 고난에서 보장받는 것은 아니라고 생각합니다.

**처방과 답변**  은총은 고난을 통해 온다는 말이 있습니다. 러시아가 낳은 세계적인 작가 도스토예프스키는 9년 동안 시베리아 유배생활을 한 뒤 「죄와 벌」이라는 책을 통해 학대받는 사람들을 썼습니다. 이탈리아 출신 단테는 정적들에 의해 추방된 뒤 방랑하면서 「신곡」이란 불후의 명작을 집필했습니다. 헨델의 「메시아」도 호화스러운 작곡실에서 나온 것이 아닙니다. 반신불수로 감옥에 갇힌 후 세계인의 영혼을 뒤흔드는 명곡을 작곡했습니다. 이처럼 고난 자체만 보면 아무런 의미를 찾을 수 없지만, 은총은 고난 뒤에 숨어서 오는 것입니다.

### ✤ 성경이 말하고 있는 해답

"날 때가 있고 죽을 때가 있으며 심을 때가 있고 심은 것을 뽑을 때가 있으며… 울 때가 있고 웃을 때가 있으며 슬퍼할 때가 있고 춤출 때가 있으며… 하나님이 모든 것을 지으시되 때를 따라 아름답게 하셨고 또 사람에게 영원을 사모하는 마음을 주셨느니라. 그러나 하나님의 하시는 일의 시종을 사람으로 측량할 수 없게 하셨도다"(전도서 3:2 -11)라고 말씀하고 있습니다.

### ✚ 복음제시로 신속히 돌아가라

자매님, 제가 영생을 얻기 이전에 참으로 고난이 많았던 사람입니다. 그런데 영생을 얻고 나서 그 고난이 저에게 축복이라는 것을 깨닫게 되었지요. 성경은 "내가 하나님의 아들의 이름을 믿는 너희에게 이것을 쓴 것은 너희로 하여금 너희에게 영생이 있음을 알게 하려 함이라"(요일 5:13)고 말씀하고 있어요.

● 적절한 찬송
♬ 저 요단강 건너편 찬란하게 뵈는 집 예루살렘 새 집에서 주의 얼굴 뵈오리 224장 ♬
♬ 내 인생 여정 끝내어 강 건너 언덕 이를 때 하늘 문 향해 말하리 예수 인도 하셨네 매일 발걸음마다 예수 인도하셨네 나의 무거운 죄짐을 모두 맡긴 후 예수 인도 하셨네 ♬

## 9.

## 교회는 왜 그렇게 교파가 많은 겁니까?

### ❖ 질문에 대한 이해

이런 유형의 질문은 전도자를 자기에게서 빨리 떼어놓으려는 반대를 위한 질문인 경우가 많습니다. "아! 그 문제로 말할 것 같으면 50년대로 거슬러 올라가서 W.C.C.(World Council of Church)문제가 이러쿵저러쿵" 하면서 복잡하게 말하면 곤란해집니다. 전도 대상자들의 대부분은 교회 내부의 문제에 대해 잘 알지 못할 뿐 아니라 그런 문제에 대해서는 사실상 관심이 없습니다. 재치 있게 대답하고 빨리 넘어가는 것이 지혜입니다.

**전 도 자** 선생님께서는 전에 교회에 다녀보신 일 있으세요?

**반대의견** 가톨릭에 비해 개신교는 너무 교파가 복잡하여 기독교가 싫습니다.

**공　감** 중요한 말씀입니다. 교파가 많아서 혼란스럽다는 말씀이지요. 교파가 많은 것을 아시는 것 보니까 교회에 많은 관심이 있는것 같군요. 그런 질문을 해 주시니 참 감사합니다.
**명 료 화** 그러니까 선생님의 질문은 왜 이렇게 조그마한 나라에 여러 종류의 교단이 많은지 그것이 알고 싶으시다는 말씀이시지요? 제가 바르게 이해 했나요?

**처방과 답변 1** 그거야 간단하지요. 선생님 자고로 나무가 자라면 가지가 많아집니다. 그것은 나무가 살았다는 증거지요? 선생님 나무들을 보십시오. 가지가 많은 것은 세력의 왕성함을 나타냅니다. 나무 가지는 많아도 줄기나 뿌리는 하나이듯이 기독교도 여러 교단으로 나누어져 있지만 전하는 진리는 하나입니다. 그것은 "천국은 값없이 주시는 선물이라는 것이죠." (여기서 복음제시를 진행할 수 있습니다.)

**처방과 답변 2** 선생님, 그것은 별로 큰 문제가 아닙니다. 우리가 사람이기 때문에 약간의 의견 차이가 있지만 기독교 2000년 역사에 본질적인 것은 언제나 일치하고 있습니다. 교리는 좀 차이가 있을지 몰라도 복음의 핵심은 똑같습니다. 이런 이야기가 있습니다.

요한 웨슬리가 어느 날 꿈속에서 천국 구경을 했습니다. 천국 문 앞에서 요한 웨슬리는 천사에게 "이곳에 장로 교인이 있습니까?" 하고 물었습니다. "아니요." "그럼 웨슬리 교파 교인이 있습니까?" "아니요." "오순절 교파 교인이 있습니까?" "아니요." 당황한 웨슬리는 "그러면 이 곳에 누가 있습니까?"라고 물었습니다. 그러자 천사가 웃으며 대답했습니다. "당신이 말하는 사람들은 이 곳에 없습니다. 이 곳에는 교파의 사람들이 없고 단지 예수를 그리스도로 믿는 사람만이 있을 뿐입니다."

### ✜ 성경이 말하고 있는 해답

"형제들아 내가 우리 주 예수 그리스도의 이름으로 너희를 권하노니 다 같은 말을 하고 너희 가운데 분쟁이 없이 같은 마음과 같은 뜻으로 온전히 합하라. 이는 다름아니라 너희가 각각 이르되 나는 바울에게, 나는 아볼로에게, 나는 게바에게, 나는 그리스도에게 속한 자라 하는 것이니 그리스도께서 어찌 나뉘었느뇨"(고린도전서 1:10,12,13)라고 말씀합니다.

### ✜ 복음제시로 신속히 돌아가라

교회가 장로교회, 성결교회, 감리교회, 순복음교회 등 여러 교단 교파로 나누어져 있는 것은 교회가 살아 있다는 증거지요. 흔히들 기독교를 생명의 종교라고 말씀하는 이유도 여기에 있어요. 교파가 다름에도 불구하고 한가지 중요한 공통점이 있습니다. 그것은 영생의 복된 소식을 전한다는 하나의 목적을 갖고 있다는 것입니다.

## 10.

### 진리를 가르치는 교회가 왜 그렇게 사랑이 없습니까?
### 그래서 교회(이단)를 옮기게 되었습니다

**❖ 질문에 대한 이해**

　미혹하는 영들이 교회의 연약한 부분을 이용해서 사람들로 하여금 교회를 떠나도록 하게 합니다.

　말세가 되면 사람들이 자기를 사랑하고 사랑이 식어질 것이라는 예언의 말씀을 기억해야 하겠습니다. 사탄은 이것을 이용하여 할 수 있는 대로 믿는 자를 삼키려고 합니다. 가능하면 이런 전도 대상자는 변론을 피하고 기회를 포착하여 복음제시로 속히 들어가는 것이 바람직합니다.

**전 도 자**　자매님께서는 지난해까지 교회에 다니셨다고 들었는데 맞습니까?

**반대의견**　네 맞습니다. 그런데 진리를 가르친다는 교회가 사랑이 없어 교회(이단)를 옮기게 되었습니다.

**공　　감**　저도 자매님 말씀에 공감합니다. 참으로 안타깝게 생각합니다.

**명 료 화** 자매님! 우리가 이 중요한 문제를 다루기 전에 괜찮으시다면 제가 질문 하나 드려도 되겠습니까? 자매님, 만일 오늘밤이라도 이 세상을 떠나신다면 천국에 들어갈 확신이 있습니까?
(가급적 논쟁을 피하고 일단 정확한 복음제시를 먼저 하는 것이 지혜로운 방법입니다.)

**처방과 답변** 자매님! 예수님께서 승천하실 때, 내가 다시올 때(재림) 지금 이 모습 이대로 다시 올 것이라고 말씀하셨습니다. 전 세계적으로 '내가 메시야다'라고 말하는 사람이 헤아릴 수 없이 많다는 사실을 기억할 때, 이미 예수님께서 미리 아시고 우리에게 말씀을 통해 정확히 가르쳐 주신 것입니다.

### ✤ 성경이 말하고 있는 해답

"가로되 갈릴리 사람들아 어찌하여 서서 하늘을 쳐다보느냐 너희 가운데서 하늘로 올리우신 이 예수는 하늘로 가심을 본 그대로 오시리라 하였느니라"(사도행전 1:11)라고 말씀하십니다.

### ✤ 복음제시로 신속히 돌아가라

자매님! 제가 영생을 얻기 전 저는 모든 종교가 똑같다고 생각을 했어요. (개인 간증을 통해 과열된 분위기를 가다듬고 복음제시 준비를 하십시오.)

## 11.

### 예수 그리스도의 동정녀 탄생을
### 어떻게 믿을 수 있습니까?

### ✥ 질문에 대한 이해

  익산에서 50대 중반의 목수 아저씨를 만났습니다. 이분의 종교배경은 현재는 불교지만 유년시절에는 기독교였습니다. 그분에게 복음을 전하던 중 그리스도의 동정녀 탄생을 믿을 수 없다는 것이었습니다. 복음의 모든 부분이 그렇지만 이 부분은 설득이나 논리적인 표현으로 이해를 갖게 하기가 어려운 부분입니다.

**전 도 자**  교회가 세워진 목적은 사랑과 섬김을 통해 영생의 삶을 보여주고 사람들로 하여금 영원한 생명을 얻게 하고 또한 그것을 더욱 풍성히 누리는 법을 전해주는 데 있어요.

**반대의견** 저는 한동안 교회를 다녔지만 별 흥미를 갖지 못했습니다. 그리고 그리스도의 동정녀 탄생을 믿기가 어렵습니다.

**공    감** 예! 선생님도 그것이 믿어지지 않으시는군요. 대부분의 사람들이 처음 믿음을 갖게 될 때 선생님과 같은 의문을 갖습니다.

**명 료 화** 선생님께서는 예수 그리스도가 처녀의 몸에서 어떻게 나실 수 있었느냐 하는 이 부분이 이해할 수 없다는 말씀이시죠? (순간 성령님께 지혜를 구했습니다. 마침 그 시기가 흰 눈이 소복이 쌓인 성탄절 다음날이었습니다.)

**처방과 답변 1** 선생님! 800년 전에 쓰여진 구약성경 미가 5장 2절 말씀에 보면 예수님께서 유다 족속 가운데 베들레헴에서 탄생할 것이라는 예언의 말씀이 있습니다. 또한 선생님! 그 예언된 말씀이 마태복음에 성취되어 기록하고 있습니다. 자! 선생님이 한번 읽어보세요. 그리고 선생님! 우리는 종종 성탄절에 이런 찬송을 부르지요.
♫ 옛 선지 예언 응하여 베들레헴 성중에 주 예수 탄생하시니 온 세상 구주라 112장 ♫

(그 순간 성령의 감화가 있었나 봅니다. 성탄절 다음날이라는 계절의 감각과 그 시간 성령께서 함께하시는 영적 분위기 속에 그분은 무릎을 꿇고 그리스도를 영접하겠다고 했습니다. 방금 전과 너

무 달라진 그분의 자세를 보면서 왜 마음이 갑자기 바뀌었느냐고 물어 보았습니다.) 그러자 그분은 "제가 초등학교 6학년 때에 언덕 위에 작은 교회가 있었어요. 40여 년 전 그해 성탄절 이브 성극을 준비하기 위해 산에 올라가 오래 묵은 칡넝쿨을 끊어다가 요셉의 지팡이로 삼고, 어머니 흰 치마로 머리에 두르고 요셉 역을 맡았었어요. 또 지금은 어디서 살고있는지 알 수 없지만 동네 2년 후배인 여자 아이가 당시 박 바가지를 배에 넣고 마리아 역할을 했었지요."
(그분은 유년시절 들었던 성경 속의 지명과 그때 성극을 마치고 함께 불렀던 찬송이 귓가에 들려지자 그 마음이 6학년 어린아이 마음으로 바뀌었던 것입니다. 이처럼 성령은 우리의 설득적인 말로도 이해시키지 못하는 복음의 영역을 그분의 과거 교회배경을 통해 깨닫게 하시는 놀라운 분임을 알게 되었습니다.)

**처방과 답변 2** 현대과학은 인간의 지식과 생각 안에서 연유되는 인간의 학문입니다. 학창시절 생물시간에 파충류의 어떤 종류는 수놈이 필요없이 전기 자극만으로 암놈 혼자 수정될 수 있다는 사

실을 배운 적이 있습니다. 예를 들자면 예수님의 탄생은 인간의 능력으로 태어난 것이 아니라 마치 파충류가 외부의 자극만으로 수정될 수 있듯이 창조주 하나님께서 마리아에게 전기보다 더 강력한 성령이라는 자극을 주어서 아기 예수 그리스도를 성령으로 잉태한 것으로 당신의 이해를 도울 수 있습니다.

### 🔹 성경이 말하고 있는 해답

"마리아가 요셉과 정혼하고 동거하기 전에 성령으로 잉태된 것이 나타났더니"(마태복음 1:18)

"베들레헴 에브라다야 너는 유다 족속 중에 작을찌라도 이스라엘을 다스릴 자가 네게서 내게로 나올 것이라"(미가 5:2)

"헤롯왕 때에 예수께서 유대 베들레헴에서 나시매 동방으로부터 박사들이 예루살렘에 이르러 말하되 유대인의 왕으로 나신 이가 어디 계시뇨"(마태복음 2:1-2)라고 말씀하고 계십니다.

### 🔹 복음제시로 신속히 돌아가라

예수 그리스도 그분은 무한하신 하나님이신 동시에 참 인간이십니다.

## 12.

### 예수쟁이들은 왜 부모와 친척을 돌아보지 않습니까?

**❖ 질문에 대한 이해**

  이런 유형의 반대의견은 성도들의 윤리적인 문제를 구실삼아 우리가 전하려는 복음을 무효화하려고 합니다. 그러므로 전도자는 복음전파 이전에 복음에 합당한 생활이 얼마나 중요한가를 다시 한번 인식해야 할 것입니다. 또한 이런 전도 대상자는 주변에 덕스럽지 못한 그리스도인이나 사이비 종파에 빠진 사람들에게 실망을 느낀 사람들입니다.

**전 도 자** 선생님께서는 오래 전에 저희 교회에 출석하신 일이 있으시군요. 선생님 주변에 신앙 생활하시는 분이 계시는지요?

**반대의견** 저에게 전도할 생각하지 마세요. 우리 옆집 노부부를 보면 교회 다니는 자식이 부모를 더 돌아보지 않더라구요.

**공    감** 선생님, 방금 하신 말씀을 듣고 보니 믿음을 가진 자로서 부끄럽게 생각합니다.

**명 료 화** 선생님께서 그렇게 말씀하시는 것이 무리가 아니라고 생각합니다. 어찌 자식된 도리로 그런 일이 있을 수 있냐는 말씀이시죠?

**처방과 답변**  선생님 말씀을 듣고 보니 제 자신의 모습을 되돌아보게 됩니다. 성경 말씀은 그 주제에 대해서 아주 비중을 두고 말씀하고 계십니다.

### 성경이 말하고 있는 해답

"누구든지 자기 친족 특히 자기 가족을 돌아보지 아니하면 믿음을 배반한 자요 불신자보다 더 악한 자니라" (디모데전서 5:8)라고 말씀하고 계십니다.

### 복음제시로 신속히 돌아가라

선생님 제가 드리던 말씀을 좀더 진행해도 되겠습니까? 우리 교회가 힘써 하고자 하는 일은 사랑과 섬김을 통해 영생의 삶을 보여주고 사람들로 하여금 영원한 생명을 얻게 하고 또한 그것을 더욱 풍성히 누리는 법을 전해주는 데 있어요. 그런데 교회역사를 보면 선생님 말씀하신 대로 우리가 영생의 기쁜 소식을 전하는 일에 상당히 미약했던 것 같아요.

## 13.

### 종교를 바꾸면 집안에 우환이 찾아오지 않습니까?

### ❖ 질문에 대한 이해

이런 경우에도 상대방의 생각을 존중하는 것이 중요합니다. 종교 배경이 다른 사람에게 논리적으로 복음을 주입시키려고 하면 전도는 더욱 힘들게 되는 경우가 많습니다. 그들은 자기 주장이 강하고 자기 종교에 나름대로 확신있는 사람들입니다. 그렇기 때문에 그들의 이야기를 잘 들어주고 좋은 인상을 남기는 것이 중요 합니다. 그리고 전도자 자신이 과거에 이러한 경험이 있었던 사람이라면 문제의 답은 효과적으로 처리할 수 있습니다. 이런 전도 대상자는 귀신의 존재를 믿고 있으므로 현재 믿고 있는 대상을 옮길 수 있도록 결단할 수 있는 기회를 제공해야 합니다.

**전 도 자**  네! 선생님께서는 조상적부터 불교 집안이셨다는 말씀이시군요.

**반대의견**  그래서 나는 종교를 바꾸는 것이 두렵습니다. 사람들에게 종교를 바꾸면 집안에 우환이 찾아온다는 말을 들었습니다.

**공  감**  네, 맞습니다. 그래서 옛날 우리 조상들은 절구통을 옮겨놓을 때도 날을 잡았다고 하지요. 저도 그랬어요.

**명 료 화**  선생님께서는 믿음의 대상을 바꾸게 되면 가정에 어려움이 올까봐 염려가 된다는 말씀이시군요.

**처방과 답변**  선생님! 우환을 두려워하는 것을 보니까 귀신이 있다는 사실을 믿고 있군요. 신(神) 중의 최고신이 하나님이신데, 하나님은 잡신들을 다스리십니다. 저도 영생을 얻기 전에는 귀신이 무서워서 육갑도 하고 장 담그는 것도 날받아서 하고 이사갈 때도 꼭 날받아서 하곤 했어요. 그러던 어느 날 어떤 신보다도 가장 위대한 신, 모든 신들이 벌벌 떠는 하나님을 영접한 후 모든 두려움이 사라졌어요. 무엇보다도 기쁜 것은 오늘밤 이 세상을 떠난다 해도 천국에서 눈뜰 것을 확신하고 살기 때문이지요. 선생님, 선생님께서는 오늘밤 이 세상을 떠나신다면 천국에 들어갈 것을 확신하세요? (이런 식으로 상대방이 가지고 있는 불안한 요소들에 대해 충격을 줄여 주는 것은 중요합니다. 여기서 복음제시로 돌아갈 수 있습니다.)

## ✣ 성경이 말하고 있는 해답

"이에 온 갈릴리에 다니시며 저희 여러 회당에서 전도하시고 또 귀신들을 내어 쫓으시더라"(마가복음 1:39)라고 말씀합니다.

## ✣ 복음제시로 신속히 돌아가라

그런데 선생님께서는 영적 생활을 하시는 중에 오늘이라도 이 세상을 떠나신다면 천국에 들어갈 확신이 있으세요? 그 하나님은 전능하신 하나님이신 동시에 참 인간이 되세요.

## 14.

### 종교를 바꾸면 제사 문제 등 모시고 사는 부모님과의 불화를 어떻게 극복할 수 있습니까?

### ❖ 질문에 대한 이해

이런 질문은 본인이 장손(長孫)으로 제사 문제가 새로운 종교생활에서 갖게 되는 심각한 문제일 수 있습니다. 또한 복음을 거부하기 위한 반대의견일 수도 있다는 사실을 배제 할 수 없습니다.

**전 도 자**  네! 선생님은 여러 번 교회 출석할 기회를 가지셨군요.

**반대의견**  저는 몇 번 믿음을 가질 기회가 있었는데 노부모님을 모시고 살기 때문에 조상 제사 문제가 걸려서 교회 나가기가 어렵습니다.

**공    감** 말씀을 듣고 보니 보기 드문 효자이시군요. 선생님 제사 문제에 관심이 많으시군요. 살아 계실 때 효도하고 돌아가신 후에도 조상의 은혜를 기억하는 것은 참 귀한 일입니다.

**명 료 화** 선생님, 종교를 바꾸게 되면 조상의 은혜를 저버리는 것이 아닌가 걱정이 된다는 말씀이시죠? 요즘같이 부모의 은혜를 저버리는 삭막한 시대에 선생님과 같은 분을 뵙게 되어 기쁘게 생각합니다.

**처방과 답변 1** 조상 제사의 의미는 고인의 은덕을 기리고 살아 있는 가족이나 형제들의 우애를 돈독히 하는 데 그 목적이 있는 게 아니겠습니까? 이러한 의식은 저희 기독교에서도 행하고 있습니다. 기독교는 살아 계실 때 잘 해드리는 것을 중요하게 생각하며 돌아가신 후에는 기일에 형제들이 모여서 추도예배를 드립니다. 조상님들은 자손이 잘되기를 원하며 자손들이 최대의 행복을 누리길 원할 것입니다. '아직도 제사를 지내고 계세요? 우상숭배 같은 것은 다 미신이에요. 제사를 지내면 돌아가신 분이 밥을 먹나요 술을 마시고 가나요?' (이런 식으로 답변하게 되면 복음제시를 할 수 없게 됩니다.)

**처방과 답변 2** 선생님! 우리 나라의 제사제도는 중국에서 들어온 중국 왕실의 풍습으로 조선시대부터였답니다. 중국의 주공이라는 사람이 만든 관습이라고 합니다. 처음에는 외국풍습이라 달갑지 않게 생각하여 배척했으나, 정종 때 왕실에서 유교(儒敎)의 교육으로 백성들에게 적극 장려하여 민가에 퍼지게 되었답니다.' 조선시대 이전의 제사의 형식은 달랐을 것입니다. 형식은 얼마든지 시대가 지남에 따라 바뀔 수가 있지 않겠어요? 기독교에서도 제사를 중요하게 가르치고 있습니다. 그것이 바로 고인의 기일을 기억하고 드리는 추모예배입니다. 이것이 조상에 대한 바른 태도이며 후손으로서 드리는 참된 제사일 것입니다.

### ✠ 성경이 말하고 있는 해답

"자녀들아 너희 부모를 주 안에서 순종하라 이것이 옳으니라 네 아버지와 어머니를 공경하라 이것이 약속있는 첫 계명이니 이는 네가 잘 되고 땅에서 장수하리라"(에베소서 6:1-3)

"대저 이방인의 제사하는 것은 귀신(鬼神)에게 하는 것이요 하나님께 제사하는 것이 아니니 나는 너희가 귀신과 교제하는 자 되기를 원치 아니하노라"(고린도전서 10:20)라고 말씀하십니다.

### ✠ 복음제시로 신속히 돌아가라

그런데 선생님, 선생님께서는 오늘이라도 이 세상을 떠나신다면 천국에 갈 확신이 있으십니까? (전도 대상자 자신의 문제로 대화의 방향을 바꾸면서 복음제시로 돌아가십시오.)

## 15.

### 나는 종교(불교)를 갖고 있으니
### 다른 사람이나 찾아가 보십시오.

### ✥ 질문에 대한 이해

 불교 신자들이 무조건적인 거부를 할 때 전도자는 당황하기 쉽습니다. 이때 전도자의 정중한 태도와 그가 갖고 있는 종교심을 격려하는 태도는 매우 중요합니다. 많은 설명을 통한 이해보다 바른 태도가 이해를 가능케 합니다.

**전 도 자**  선생님께서는 종교를 갖고 계세요?

**반대의견**  나는 불교 신자입니다. 다른 사람이나 찾아보세요!

**공 감** 오늘 참 귀한 분을 만나게 되어 기쁘게 생각합니다. 불교 신자라고 확실히 말씀하는 것을 보니 정말 깊은 종교심을 갖고 계신 것 같군요.

**명 료 화** 현재 선생님은 어느 절에 다니고 계세요? '표충사요.' 예 그러시군요. 선생님께서는 한 달에 몇 번 정도 절에 가세요?

**처방과 답변** 선생님, 어떻게 보면 우리 한국사람 모두가 불교 신자들이었다고 말할 수 있지요. 사실 불교가 우리 나라 발전에 많은 공헌을 했고 우리 조상 대부분은 불교를 믿었었지요. 삼국시대 고려시대에는 거의 불교를 믿었고 조선시대에는 유교가 들어와 유교를 더 믿게 되었지요.

### ✥ 성경이 말하고 있는 해답

"다른 이로서는 구원을 얻을 수 없나니 천하 인간에 구원을 얻을 만한 다른 이름을 우리에게 주신 일이 없음이니라 하였더라"(사도행전 4:12)

"예수께서 가라사대 내가 곧 길이요 진리요 생명이니 나로 말미암지 않고는 아버지께로 올 자가 없느니라"(요한복음 14:6)라고 말씀하고 있습니다.

### ✥ 복음제시로 신속히 돌아가라

극락을 천국과 비슷한 의미로 이해하고 있는 사람들이 많은데 선생님, 만약 오늘밤이라도 선생님께서 이 세상을 떠나신다면 천국에 가실 확신이 계신가요? 저는 지금 이 순간이라도 이 세상을 떠난다면 천국에 갈 확신 속에서 살아가고 있는데 잠깐 그 이유를 말씀드려도 될까요?

## 16.

### 타종교에 비해서 기독교의 구원은
### 너무 쉽지 않습니까?

**❖ 질문에 대한 이해**

 이런 대상자는 대부분 행위를 통하여 사람들이 구원을 얻는다고 생각하는 사람입니다.

**전 도 자** 천국은 하나님께서 값없이 주시는 선물입니다.

**반대의견** 기독교는 다른 종교에 비해서 구원을 너무 쉽게 얻기 때문에 깊이가 없어 보입니다.

**공     감** 그것 참 중요한 말씀이군요. 저도 한때는 선생님과 같은 생각을 했어요.

**명 료 화**  선생님, 우리가 중요한 주제를 다루기 전 그 말씀을 해주셔서 감사합니다. 세상에 노력없이 얻어지는 것이 있느냐는 말씀이시군요.

**처방과 답변**  선생님, 저도 노력 없이 얻어지는 구원이 처음에는 이해할 수 없었어요. 그래서 저는 오랫동안 종교적인 행위를 통해 구원을 얻기 위해 노력했습니다. 그런데 저는 얼마만큼 인간이 노력하고 힘써야 하는지 몰랐고, 제 스스로 지쳐버리고 말았습니다. 그런데 선생님 세상에는 값으로 계산할 수 없는 소중한 것을 값없이 받는 것이 많답니다. 생명을 살리는 장기 이식과 헌혈 같은 것이 바로 그것이죠. 이처럼 정말 값진 것은 우리가 값없이 선물로 받는 다는 것입니다.

### ✠ 성경이 말하고 있는 해답

"우리를 구원하시되 우리의 행한 바 의로운 행위로 말미암지 아니하고 오직… 중생의 씻음과 성령의 새롭게 하심으로 하셨나니"(디도서 3:5), "너희가 그 은혜를 인하여 믿음으로 말미암아 구원을 얻었나니 이것이 너희에게서 난 것이 아니요 하나님의 선물이라 행위에서 난 것이 아니니 이는 누구든지 자랑치 못하게 하려 함이니라"(에베소서 2:8-9)라고 말씀하십니다.

### ✠ 복음제시로 신속히 돌아가라

그러므로 천국은 돈이나 공로나 선행으로 얻을 수 없습니다.

## 17.

### 종교는 다 같지 않습니까?
### 왜 기독교만 믿어야 합니까?

### ✥ 질문에 대한 이해

 이런 유형의 사람은 종교성을 깊게 가진 사람은 아닙니다. 종교를 현대인으로서 자기의 취미에 맞게 선택하여 문화인답게 살기를 원하는 사람입니다.

**전 도 자**  선생님 자녀들은 다 교회에 출석하고 있는데 자녀들과 함께 신앙생활을 하시지요?

**반대의견**  나는 종교가 다 똑같다고 생각합니다. 왜 사람들은 기독교만 믿어야 된다고 주장하는지 모르겠습니다.

**공    감** 선생님, 참 중요한 말씀을 하셨습니다. 선생님 말씀대로 인간답게 살자는 윤리적인 측면에서는 공통점이 있고 같은 면이 있습니다.

**명 료 화** 선생님께서는 종교는 많은데 왜 꼭 기독교만 믿어야 구원을 받을 수 있단 말이냐 이런 말씀이시죠. 영생을 얻기 전 저도 모든 종교가 똑같다고 생각했습니다. (여기서 개인 간증으로 들어갈 수 있습니다.)

**처방과 답변** 사실 모든 종교가 다 좋은 점이 있지요. 큰 차이가 있다면 죄를 처리하는 방법입니다. 다른 종교는 자신 스스로가 죄를 해결하려고 노력하지만 기독교의 구원은 이미 십자가에서 이루어 놓으신 구원을 믿으면 되는 것입니다. 선생님, 제가 좀더 말씀을 드려도 되겠습니까?

　그것은 예수님이 유일하신 하나님이시라 그래요. 석가모니도 자신이 하나님이라고 하지 않았으며 마호메트도 자신은 단지 알라라는 신의 예언자라고 했습니다. 공자는 단지 이 세상을 어떻게 살 것인가에 대해서만 말할 뿐이라고 했습니다. 예수 그리스도는 처음부터 자신은 구세주요, 하나님의 아들이라고 했습니다. 뿐만 아니라 마호메트, 부처, 공자 어느 누구도 인간의 죄 문제에 대해서 아무런 해결책을 제시하지 못했지만 오직 예수님만 이 문제를 해결하시기 위해 죽으셨습니다. 또한 그들 중 어느 누구도 죽음에서 부활하지 못했으며 그들의 추종자도 그들이 다시 살아났다는 주장을 해본 적이 없습니다. 그러나 예수 그리스도께서는 죽음을 이기고 살아나셨습니다. 모든 종교는 중심이 '나'이지만 기독교는 예수 그리스도가 중심입니다.

### ✜ 성경이 말하고 있는 해답

"다른 이로서는 구원을 얻을 수 없나니 천하 인간에 구원을 얻을 만한 다른 이름을 우리에게 주신 일이 없음이니라"(사도행전 4:12), "다른 복음은 없나니 다만 어떤 사람들이 너희를 요란케 하여 그리스도의 복음을 변하려 함이라"(갈라디아서 1:7) 라고 말씀하고 있습니다.

### ✜ 복음제시로 신속히 돌아가라

선생님, 제가 어떻게 영생을 얻게 되었는지 또 어떻게 하면 선생님도 영생을 얻을 수 있는지 말씀드려도 될까요?

## 18.

## 목사와 성도들이 같은 교회에 다니면서 밤낮 싸우는 이유는 무엇입니까?

### ❖ 질문에 대한 이해

 지역 교회로서 덕스럽지 못한 교회 모습은 많은 전도 대상자들에게 복음을 들을 기회를 상실케 하고 있음을 우리는 깊이 생각해 보아야 할 것입니다. 전도 대상자가 부정적인 사고를 갖고 있어서 다음과 같은 강한 부정을 나타내기도 하지만 사실 세상 사람들에게 비치는 우리 교회의 모습이 정말 그럴 수도 있다는 사실을 배제할 수도 없습니다.

**전 도 자** 선생님, 평소 교회에 대해서 어떤 인상을 받으셨어요?

**반대의견** 우리 집 앞에 있는 교회는 목사와 장로들의 싸움이 그칠 날이 없습니다.

**공    감** 선생님 말씀을 듣고 보니 믿음생활을 하는 한 사람으로서 참으로 부끄러움을 금할 길 없습니다. 선생님, 저도 한때는 선생님과 같은 동일한 문제로 고민이 많았던 사람입니다.

**명료화**　선생님 말씀대로 교회 역사를 보면 목회자와 교인들의 부끄러운 모습들로 인해 이웃을 돌아보는 일과 영생의 기쁜 소식을 전하는 데 상당히 미약했던 것 같아요. 솔직히 말씀드려 저도 여러 해 동안 교인생활을 해왔지만 별다른 삶의 변화없이 신앙생활을 해온 것 같아요.

**처방과 답변**　선생님, 오늘의 교회를 노아의 방주와 비교하기도 합니다. 노아의 방주 안에는 사람들이 싫어하는 바퀴벌레, 냄새를 풍기는 스컹크, 고슴도치, 모기, 개구리 등 정말 잡다한 것이 많았습니다. 교회는 참으로 죄인들이 모여 있기 때문에 선생님이 생각하는 것보다 더 문제가 많을 수 있습니다. 그러나 우리 교회가 그럼에도 불구하고 힘써 하고자 하는 일은 영생의 기쁜 소식을 전하는 데 있어요.

### ❖ 성경이 말하고 있는 해답

"무릇 지킬 만한 것보다 더욱 네 마음을 지키라 생명의 근원이 이에서 남이니라"(잠언 4:23)라고 말씀합니다.

### ❖ 복음제시로 신속히 돌아가라

선생님 말씀대로 교회는 그런 부끄러운 일들로 인해 제대로 사명을 감당치 못한 것 같아요. 이처럼 우리 모든 인간은 죄인입니다.

## 19.

### 요즘 교회가 사회봉사는 하지 않고 기업화되어 간다고 생각하지 않습니까?

### ❖ 질문에 대한 이해

효과적인 전도의 원리 중 하나는 먼저 개인 전도를 시작하기 전 지역 사회가 교회에 대한 좋은 인상을 가질 수 있도록 평소에 모든 성도들이 생활의 미덕(美德)과 지역 사회의 필요를 채울 수 있어야 합니다. 이것이 선행되지 않고는 전도의 열매를 맺기가 더욱 어렵습니다. 대부분의 전도 대상자들은 교회에 대한 그릇된 선입견과 불신을 갖고 있습니다. 그리스도인들은 성경을 읽고 있지만 전도 대상자들은 그리스도인의 생활을 읽고 있다는 사실을 기억해야 합니다. 우리 그리스도인은 삶을 통해 영생의 실제의 모습을 보여 줄 수 있어야 합니다.

**전 도 자** 선생님, 교회가 이 지역사회를 위해서 어떤 일을 했으면 하는 바램이 있으신지요?

**반대의견**   그 말씀 잘 하셨어요. 요즘 교회가 기업화되어 간다고 생각하는데 그 문제에 대해서 어떻게 생각하세요?

**공    감**   충분히 선생님께서 그렇게 생각하실 수 있다고 여겨집니다.

**명 료 화**   선생님 말씀대로 교회가 힘써 일한다고 했지만 세상을 향하여 나누고 베푸는 일에 상당히 미약했음을 인정합니다.

**처방과 답변**   선생님, 교회가 세워진 근본 목적은 선생님 말씀대로 하나님을 섬기고 세상에 봉사하기 위해 세워졌는데 사람들에게 도움을 많이 주지 못한 것 같습니다. 많은 그리스도인들이 정기적으론 예배에 참석하면서도 어떻게 살아야 할지 확신을 갖지 못하고 있는 것 같아요. 솔직히 말씀드려 저도 여러 해 동안 교인 생활을 해왔지만 아무런 확신이 없었지요. 여전히 나의 삶에 대한 문제로 걱정하고 있었어요. 선생님은 어떠세요?

### ✜ 성경이 말하고 있는 해답

"서로 돌아보아 사랑과 선행을 격려하며 모이기를 폐하는 어떤 사람들의 습관과 같이 하지 말고 오직 권하여 그날이 가까움을 볼수록 더욱 그리하자"(히브리서 10:24)라고 말씀하고 있습니다.

### ✜ 복음제시로 신속히 돌아가라

선생님, 그 중요한 문제를 우리가 잠시 후에 나누기로 하고 제가 하던 말씀을 계속해도 되겠습니까?

## 20.

### 먹고살기에 어려움이 없는 사람이나 교회 다니는 거 아닙니까?

### ✥ 질문에 대한 이해

 이런 전도 대상자는 실제로 하루하루 일하지 않으면 살기 어려운 사람들입니다. 그러나 그들은 또한 기독교인들이 교회생활을 마치 할일 없이 여가선용을 한다고 생각할 때 이런 질문을 할 수 있습니다.

**전 도 자** 선생님 교회에 한번 가보신 적이 있으세요?

**반대의견** 먹고살기 어려움이 없는 사람이나 교회 다니는 거 아닙니까?

**공    감** 선생님께서 하시는 이 고된 일을 보니 충분히 그렇게 말씀하실 수 있다고 생각됩니다.

**명 료 화**  선생님 이렇게 하루종일 일하시면 얼마나 고단하세요? 사실 저도 지금 하는 일이 선생님처럼 힘든 일을 하고 있답니다.

**처방과 답변**  사실 저도 한가롭지 못한 사람입니다. 그런데 제가 지금 이런 시간을 가치있게 생각하는 것은 이 기쁜 소식을 듣고 저의 생활에 힘을 얻게 되었고 삶의 기쁨을 얻었기 때문이에요. 특별히 저는 선생님같이 조금도 쉴 틈없이 동분서주하는 분들을 보면 남다른 느낌을 갖곤 합니다.

### ✠ 성경이 말하고 있는 해답

"여호와께서 집을 세우지 아니하시면 세우는 자의 수고가 헛되며 여호와께서 성(城)을 지키지 아니하시면 파수꾼의 경성(警醒)함이 허사로다. 너희가 일찍이 일어나고 늦게 누우며 수고의 떡을 먹음이 헛되도다. 그러므로 여호와께서 그 사랑하시는 자에게는 잠을 주시는도다"(시편 127:1-2)라고 말씀하고 있습니다.

### ✠ 복음제시로 신속히 돌아가라

제가 질문 하나 드려도 되겠습니까? 이것은 참 개인적인 질문인데요, 우리는 언젠가 이 세상을 떠나지 않겠습니까? 만일 선생님께서 오늘이라도 바삐 일을 하시던 중 이 세상을 떠나신다면 천국에 들어갈 것을 확신하십니까?

## 21.

## 천국이 있다는 것을 어떻게 알 수 있습니까?

### ✣ 질문에 대한 이해

전도 대상자 중에는 미래 세계에 대한 세 가지의 견해를 가지고 있는 것을 볼 수 있습니다.[5]
첫째는 미래에 대해 무관심한 사람들,
둘째는 미래에 대해 두려움을 갖고 있는 사람들,
셋째는 미래 세계에 대해 희망을 가진 사람들입니다.
전도자는 전도 대상자가 말하는 어감에 따라 질문의 형태를 진단할 수 있을 것입니다.

**전 도 자** 선생님! 성경을 기록한 목적에 대하여 말씀드리고 싶습니다. "하나님의 아들의 이름을 믿는 너희에게 이것을 쓴 것은 너희로 하여금 너희에게 영생이 있음을 알게 하려 함이니라"고 말씀하고 있습니다.

**반대의견** 나는 천국을 믿지 않습니다.

**공　감** 네! 선생님께서 그렇게 말씀하시는 것이 무리가 아니라고 생각합니다. 저도 한때는 천국을 믿지 않았던 때가 있었습니다.

**명 료 화** 선생님은 천국을 믿지 않는다고 하셨는데, 선생님께서 천국을 믿지 않는 특별한 이유가 있으신가 봐요.

**처방과 답변** 그런 말씀을 하시는 것을 보니 선생님께서는 내세에 관하여 관심을 가져 보셨군요. 많은 사람들이 처음 믿음을 갖게 될 때에 선생님과 같은 생각을 갖게 되는데 이 복음의 말씀을 듣고 믿음을 소유하게 되면 아무런 문제가 되지 않습니다. 선생님 제가 어떻게 영생을 얻게 되었는지, 어떻게 하면 선생님도 그것을 알 수 있는지 좀더 말씀드려도 되겠습니까?

### ✦ 성경이 말하고 있는 해답

"회개하라 천국이 가까왔느니라"(마태복음 4:17), "너희도 길이 참고 마음을 굳게 하라. 주의 강림이 가까우니라"(야고보서 5:8)라고 말씀하고 있습니다.

### ✦ 복음제시로 신속히 돌아가라

 선생님, 천국은 거저 주시는 선물입니다.

## 22.

### 죽어 보지도 않았는데 사후(死後) 세계를 어떻게 알 수 있습니까?

### ✣ 질문에 대한 이해

전도 대상자가 갖는 미래 세계에 대한 견해 중에서 이런 유형의 질문은 지극히 현세적 삶에 급급한 사람들입니다. 그래서 미래에 대해서는 무관심합니다. 그러나 알아두어야 할 것은 사람은 누구나 이 사실에 대해서 외적으로는 부인하지만 내면의 마음속에는 부인하지 않는다는 사실입니다.

**전 도 자** 선생님은 선생님의 생활 속에서 지금이라도 이 세상을 떠나신다면 천국에서 눈뜰 확신이 있습니까?

**반대의견**  나는 사후의 세계를 믿지 않습니다.

**공  감**  선생님께서 그렇게 생각할 수 있다고 생각합니다. 저희 할아버지께서도 같은 말씀을 하셨습니다. ('참 딱하십니다.' 이런 표현은 논쟁하겠다는 어투입니다.)

**명 료 화**  현실 생활에 바쁘신 선생님께서는 죽음 이후 세계에 대해서 심각하게 생각해 보지 않으셨다는 말씀이시군요.

**처방과 답변 1 (적절한 예화)**  늦가을에 대합실에 열차를 기다리는 사람들 중 낡은 벤치에 앉아 있는 할아버지에게 찾아가 천국에 대하여 말을 건넸습니다. 그러자 할아버지께서 "천국이 있는지 가보았소?"라고 대답했습니다. "아! 할아버지는 천국을 믿지 않으시는군요. 그런데 할아버지 가보면 늦습니다. 가기 전에 알아야 해요" "바쁜 세상에 죽은 후 일까지 생각할 여유가 어디 있소? 살다 보면 어디든 가겠지" 그때 열차가 플랫폼에 들어섰습니다. "할아버지 어서 타시죠" "내가 탈 차가 아니오. 나는 호남선이오. 방향이 달라요" "바쁜 세상에 아무 차나 타시죠. 방향 같은 것 따질 여유가 어디 있습니까?" 이 말을 남기고 개찰구 안으로 사라지는 전도자의 뒷모습을 물끄러미 바라보며 고개를 끄덕이던 노인이 주일날 교회에 가서 앉아있는 것을 전도자가 알리가 없었습니다.[6]

**처방과 답변 2 (적절한 예화)**  "사람이 죽으면 흙이 되는데 내세가 어디 있단 말이오?" 완고한 노인이 죽음 후의 세계를 인정하지 않았습니다. 그때 나무 위에서 매미가 청아한 소리로 울어대기 시작했습니다. "할아버지 저 소리를 들어보십시오. 매미가 저렇게 아름다운 소리로 노래하기 위해서 7년 간 땅 속에서 애벌레로 살았습니다. 굼벵이가 날개를 달고 하늘을 자유롭게 날며, 아름다운 소리로 노래하는 전혀 새로운 삶이 있으리라고 꿈엔들 생각했겠습니까? 한낱 미물인 굼벵이에게도 이렇게 놀라운 변신이 가능하다면 만물의 영장인 사람에게 전혀 새로운 삶인 내세가 있다는 것이 무엇이 이상하죠?"[7]

### ✠ 성경이 말씀하고 있는 해답

"한번 죽는 것은 사람에게 정한 것이요, 그후에는 심판이 있으리니" (히브리서 4:12)라고 말씀합니다.

### ✠ 복음제시로 신속히 돌아가라

선생님, 천국에 들어가려면 무엇이 필요하다고 생각하세요?

## 23.

### 죽어봐야 알지 어떻게 영생 얻은 것을 알 수 있습니까?

### ✣ 질문에 대한 이해

 대부분의 사람들은 눈으로 보고 자신이 직접 확인한 것만 믿으려는 경향이 있습니다. 영생을 부정하는 사람일수록 강한 긍정을 하고 있음을 인지하시기 바랍니다. 심리학자들에 따르면 미래의 세계에 대하여 두려움을 가지고 있는 사람일수록 그것을 부정하는 면이 강하다고 합니다.

**전 도 자** 선생님은 선생님의 일상생활에서 오늘이라도 이 세상을 떠나신다면 천국에 들어갈 것을 확신하고 계십니까?

**반대의견**  죽어봐야 알지 어떻게 영생 얻은 것을 알 수 있습니까?

**공　　감**  저도 이런 질문을 처음 받았을 때 선생님과 똑같은 생각을 가졌어요.

**명 료 화**  천국과 지옥이 눈에 보이는 것도 아닌데 어떻게 알 수 있느냐는 말씀이시죠?

**처방과 답변 1** (과거 교회배경이 있는 사람들에게)
"사람이 죽은 후에 어디에 간다고 생각하십니까?"하고 물을 때 대부분의 사람들이 "죽으면 끝이다!" 라고 말씀하십니다. 그런데 선생님, 대부분의 사람들은 인생이 죽으면 끝장이다라고 생각하면서도 막상 이 세상을 떠날 때는 내세에 대해서 심각하게 생각하는 것이 인간의 본성이라고 합니다. 선생님께서 성경을 자세히 보면 많은 부분에서 죽음 이후 영생에 관한 말씀이 기록되어 있는 것을 알 수 있습니다. (여기에서 자연스럽게 전도자 자신이 경험한 간증을 할 수 있습니다.)

**처방과 답변 2 (적절한 예화)**  어느 날 웃으면서 기대를 가지고 개봉한 편지를 보니 다음과 같은 내용이 쓰여져 있었습니다. "사랑하는 분께! 이 편지를 받으시면 아마 소스라쳐 놀라실 것입니다. 저는 누가복음 16장 19-31절에 예수님께서 말씀하신 것을 우습게 여겼던 이름 없는 부자입니다. 땅에 사는 동안에는 도대체 인생이 어떻게 끝날 것인지 생각도 하지 않았는데 이곳에 떨어지니 여기는 밤이나 낮도 없고 세월의 감각이 없어 몸서리치는 가운데 눌려 죽을 지경입니다. 이 편지를 쓰는 것은, 아무도 이 끔직한 고통의 불구덩이 속에 오지 않도록 경고하려는 것입니다. 저는 세상에 살 동안 지옥이라는 것은 믿지도 않았습니다. 교회도 종종 다녔고 많지는 않지만 선행도 가끔 한데다가 저에 관한 소문은 그다지 나쁘지도 않았습니다. 스님을 문전에서 모질게 쫓아내지도 않았습니다. 그런데 이게 웬일입니까? 여기에서 이렇게 처절하고도 상상을 초월하는 고통을 당해야 하다니요! 인간의 생명은 죽는 것으로 끝나는 것이 아닙니다. 성도님께 이 말을 해 드리는 것을 다행한 일로 아십시오. 조금이라도 죽음에 대한 준비를 했더라면 예고없이 덮치는 죽음 이후가 이렇게 두렵지만은 않았을 겁니다. 여기서 끝도 없이 흘리는 이 고통과 괴로움의 눈물이 땅에 살 동안 회개의 눈물이었다면 얼마나 좋았을까요? 저 위에 나사로가 보이는군요. 우리 집 문 앞에서 찢어지도록 가난하게 살던 사람인데 그가 가끔 저에게 "예수를 믿으라"고 말한 적이 있었습니다. 모든 사람이 죄인이며 그 죄의 삯은 사망이고 사망 뒤에는 무서운 심판이 있으니 단순한 마음으로 회개하고 예수 그리스도를 믿으라고 할 때, 저는 종종 마음에 찔리기도 했지만 못들은 척 하면서 일부러 잊어버리려고 술을 마시거나 버럭 소리를 질러 나사로의 입을 막고 혹은 멀리 여행을 가기도 했답니다. 그렇지만 솔직히 말해서 '정말 지옥이 있을까? 만일 그렇다면…' 하는 괴로운 악몽으로 시달린 적이 한두 번이 아니었어요. 사실 '믿어야겠다'는 생각도 가끔 했지만 그 많은 재산, 친구, 믿지 않는 집안 식구, 장래 문제, 현실적인 쾌락 같은 것이 마음에 걸려 결단을 내리지 못했던 것입니다. 내가 바로 지독

한 바보였어요! 그런데 여기 떨어져서 지옥의 실존에도 놀랐지만, 또 놀란 일이 있어요. 매 주일마다 교회에 간다고 저희 집 앞을 늘 지나다니던 교인들이 여러 명이나 이곳에 와서 아우성을 치고 있지 않겠어요? 그런데다가 제가 볼 때는 한심한 사람이라고 생각했던 제 친구가 저와 비슷한 때에 죽었는데, 이곳에서는 보이지 않거든요? 처음에는 영문을 몰라 당황했지만 얼마 전 그 친구가 제게 해준 말이 생각났습니다. "사람이 거듭나지 아니하면 하나님 나라를 볼 수 없느니라"(요한복음 3:3)라고 한 것이죠. 그렇습니다. 교회에 다니는 사람이라도 거듭나지 않으면 제 신세와 다를 것이 없다는 사실을 아셔야 합니다.

사랑하는 분이여! 이 편지를 다 읽으시자 마자 조용히 무릎을 꿇고 어린아이처럼 예수 그리스도를 받아들이세요. 그리고 아직도 생존하고 있는 제 형제에게도 전해주세요. 지면이 부족한데다가 몸이 너무 괴로워서 이만 줄이려 합니다. 기회는 지금이예요!"

지옥에서 어리석은 부자 올림

### ❖ 성경이 말하고 있는 해답

"어리석은 자는 그 마음에 이르기를 하나님이 없다 하도다. 저희는 부패하고 소행이 가증하여 선을 행하는 자가 없도다"(시편14:1)라고 말씀하고 있습니다.

### ❖ 복음제시로 신속히 돌아가라

선생님 생각으로는 천국에 들어가려면 무엇이 필요하다고 생각하세요?

## 24.

### 나는 아직 젊고 건강하기 때문에 천국에 대하여 죽음에 대하여 깊이 생각하고 싶지 않습니다

### ❖ 질문에 대한 이해

많은 사람들이 믿음을 갖고 그리스도를 영접할 때, 인생의 고난의 시기에 죽음에 대해서 생각해 보고 내세에 관하여 생각하게 되는 것 같습니다. 그러나 죽음의 문제는 누구도 알 수 없는 비밀에 붙여진 일임을 예시하고 죽음 앞에 순서가 없음을 말하면서 지금의 현실적인 문제로 부각시키는 것이 중요합니다.

**전 도 자**  만일 형제님의 일상생활에서 오늘이라도 이 세상을 떠나신다면 천국에 들어갈 것을 확신하십니까?

**반대의견**  나는 아직 젊고 건강하기 때문에 죽음 이후에 대해서 생각해 보지 않았습니다.

**공    감**  형제님처럼 젊고 건강한 사람이라면 누구나 그렇게 말할 수 있다고 생각합니다.

**명 료 화**  그런데 형제님, 가까운 친구 중에 뜻밖에 이 세상을 떠난 사람이 없으세요? 맞습니다. 이처럼 우리는 내일 일을 알지 못하고 살지요.

**처방과 답변 1**  진시왕은 자신의 죽음을 면해보려고 불로초를 찾았습니다. 그러나 그는 56세에 이 세상을 떠났다고 합니다. 한무제는 아침 이슬을 받아먹으면 불로장생한다는 말을 듣고 장독 위에 내린 아침 이슬을 부지런히 받아먹었지만 53세에 세상을 떠났다고 합니다. 이처럼 인간은 자신의 생명을 연장할 수도 없고 죽음을 피할 인생은 아무도 없습니다. 우리는 지금 어떤 길을 가고 있습니까? 갈 길이 하루밖에 남지 않는 사람이 있는가 하면 수십 년이 남은 사람도 있지만, 우리 모두는 영원을 향해 가는 사람들입니다. 우리가 죽음 이후에 있을 사건을 미리 생각한다면 우리는 많은 교훈을 얻을 수 있습니다.

**처방과 답변 2**  간이역 열차 매표소에서 역무원 아저씨가 친절하게 "선생님! 어디까지 가십니까?"라고 물었습니다. 그런데 여행객은 "잘 모르겠는데요. 그냥 아무 데나 가려고 합니다"라고 말한다면 얼마나 한심한 일이겠습니까? 이것이 오늘날 대부분의 사람들의 현실입니다. 열차에 출발점과 목적지가 분명히 있는 것처럼 우리 인생도 목적지가 분명히 있습니다. 만일 형제님은 오늘이라도 이 세상을 떠나신다면 어디에 갈 것을 확신하고 계십니까?

### ❖ 성경이 말하고 있는 해답

"내일 일을 너희가 알지 못하는도다. 너희 생명이 무엇이뇨 너희는 잠간 보이다가 없어지는 안개니라" (야고보서 4:14)라고 말씀합니다.

### ❖ 복음제시로 신속히 돌아가라

제가 어떻게 하면 영생을 확신할 수 있는지 복음의 핵심만 간단하게 요약해서 말씀드리겠습니다.

## 25.

## 나는 성경을 믿지 않습니다

### ❖ 질문에 대한 이해

　대부분의 이런 반대의견은 복음을 거부하기 위한 것이며 영적인 일에 전혀 무관심한 사람들이 이런 반대를 하여 복음을 듣지 않으려고 하는 것입니다. 그래서 이런 질문은 사탄의 연막전술인 경우가 많습니다. 기도하는 자세로 경청하십시오. 이런 질문 앞에 당황하지 마십시오. 바울은 헬라에서 전도할 때 성경을 믿지 않는 사람들에게도 성경의 객관적인 권위를 가지고 선포하여 몇몇 사람들을 그리스도에게로 인도했습니다.(사도행전 17:22-24) 나는 성경 같은 책을 믿지 않는다고 말하는 사람들은 자신이 제법 지성적인 척하는 사람입니다. 이때 유도기술을 이용하십시오.

**전 도 자**  선생님 성경은 우리에게 "내가 하나님의 아들의 이름을 믿는 너희에게 이것을 쓴 것은 너희로 하여금 너희 안에 영생이 있음을 알게 하려 함이라"고 말씀하고 있습니다.

**반대의견**  나는 성경을 믿지 않습니다.

**공  감**  선생님 저희 아버님과 똑같은 생각을 갖고 계시는 군요. 선생님 생각을 그렇게 솔직히 말씀해 주시니 정말 감사합니다.

**명 료 화**  선생님께서도 성경을 하나님의 말씀으로 믿기 어려우시다는 말씀이시군요.

**처방과 답변 1**  성경을 안 믿는다고 말씀하시는 것을 보니까 성경을 조금은 읽어보신 것 같군요. 우리는 종종 단테의 '신곡'이나 섹스피어가 쓴 작품을 의심없이 받아들이는데 성경을 하나님의 말씀으로 믿는다는 것은 쉽지 않은가 봐요. 선생님 성경의 전체적인 주제가 무엇이라고 생각하세요?

**처방과 답변 2**  토마스 파이네(Thomas Paine)는 1794년에 「이성의 시대」(The Age of Reason)를 출판하면서 "나는 이 책으로 성경을 말살시켜 고 서점이나 박물관으로 보내겠다"고 장담했습니다. 그러나 그는 1809년에 죽을 때까지 "내가 그 책을 쓰지 않았더라면 얼마나 좋았을까? 그 책들을 전부 회수할 수 있다면 내가 가지고 있는 모든 것을 다 줄 텐데…."하고 후회하며 비참한 고독 속에서 인생을 마쳤습니다. 체스터 베델은, 자신이 살아 있을 때 만든 자신의 동상 오른손에 "인류의 정신 해방"이라는 두루마리를 들게 하고, 왼발로는 성경을 상징하는 두루마리에 "미신"이라고 써서 밟고 있게 했습니다. 게다가 그는 공개적으로 "만일 하나님이 존재한다면 내 몸에 뱀이 들끓게 해보라"고 말했는데, 그의 무덤은 뱀 굴로 유명하여 하루에 20마리나 잡은 적도 있다고 합니다.'

### ❖ 성경이 말하고 있는 해답

"예언은 언제든지 사람의 뜻으로 낸 것이 아니요. 오직 성령의 감동하심을 입은 사람들이 하나님께 받아 말한 것임이니라"(베드로후서 1:21)라고 말씀합니다.

### ❖ 복음제시로 신속히 돌아가라

성경은 사람이 한번 죽는 것은 정한 것이요, 그 후에는 심판이 있음을 말씀하고 있습니다. 선생님 질문 하나 드려도 되겠습니까?

## 26.

## 성경은 오류가 없는 하나님의 말씀인가요?

### ✣ 질문에 대한 이해

이런 질문은 성경의 권위를 의심하는 사람들로 복음제시에서 전도자가 의지하는 성경을 부정함으로써 복음제시를 중단시키려 하는 가장 도전적인 반대의견입니다.

성경을 하나님의 말씀으로 믿지 않는 사람들은 틀림없이 성경이 하나님의 말씀이라고 지지하는 믿을 만한 증거가 기록된 책들을 한 페이지도 읽지 않은 경우가 많습니다. 왜냐하면 역사의 인물 가운데 가장 회의적인 비판자라 해도 증거를 검토하면 믿지 않을 수 없기 때문입니다.

**전 도 자** 선생님, 성경을 기록한 목적에 대해서 알고 계십니까?

**반대의견** 성경은 오류가 없는 하나님의 말씀입니까?

**공   감** 선생님 말씀에 공감합니다. 역사 이래로 많은 신학자들이 그 부분을 가지고 지금까지 논쟁하고 있습니다.

**명 료 화** 선생님께서는 성경이 오류가 없다는 사실을 뒷받침하는 분명한 증거가 없다는 말씀이시군요?

**처방과 답변**  회의론자인 류 윌리스라는 성경이 하나님의 말씀이 아님을 찾기 위해 연구 하다가 자신이 살펴 본 증거 자료를 통해서 오히려 예수 그리스도의 신성과 부활을 인정하게 되었고 성경이 하나님 말씀임을 지지하기 위해 유명한 명작인「벤허」라는 책을 쓰게 되었습니다.[10]

성 어거스틴은 자신이 회심하기 전에 성경이 다른 로마의 저술보다 못하다고 생각했던 사실을 기록에 남겼습니다. 그러나 그가 회심한 이후에 성경은 어거스틴에게 있어서 기쁨이요, 살아있고 의미 있는 책이 되었습니다.

성경의 확실성을 뒷받침하는 증거와 일치성이 있습니다.
성경은 1600년이 넘는 기간 동안에 쓰여졌습니다.
성경은 40명 이상의 기록자들에 의해서 쓰여졌습니다.
성경은 66권의 개별적인 기록들을 담고 있습니다.
성경은 히브리어, 헬라어와 아람어로 기록되었습니다.
성경 66권은 각 권마다 구조적, 역사적, 예언적, 교리적,그리고 영적인 통일성을 유지하고 있습니다.
성경은 초자연적인 일관성을 간직하고 있습니다.
성경은 2000년 이상의 세월이 흐른 후에도 결코 수정하거나 교정할 필요가 없었습니다.
성경의 고결성과 진실성은 절대적이며 성경의 신뢰성은 의심할 나위가 없습니다. 성경의 기록자들은 다양한 배경을 지닌 사람들입니다.

모세는 고등 교육을 받은 정치적 지도자였습니다.

여호수아는 군대의 장군이었습니다.

솔로몬은 왕이었습니다.

다니엘은 애굽의 국무총리였습니다.

느헤미야는 술관원이었습니다.

아모스는 목자였습니다.

마태는 세관원이었습니다.

베드로는 어부였습니다.

바울은 유대 랍비였습니다."

한 분의 위대한 하나님께서 감동시키시고 오류없이 기록하도록 하지 않으셨다면 이토록 다양한 시대와 다양한 문화와 다양한 언어의 배경을 가진 사람들이 영원한 문제에 관하여 동일한 내용을 기록한다는 것은 전혀 불가능한 일입니다. 심지어 지극히 객관적인 주제인 물리학이나 화학, 의학에서도 완전한 의견의 일치를 얻지 못하고 있기 때문입니다.

성경의 보급을 보면 성경은 역사적으로 금지되고 불태워지고 증오 받았던 책임에도 불구하고 지금도 계속해서 출판되고 보급되고 있습니다. 그리고 전세계에 보급되었습니다. 성경은 소위 고대의 산물이라고 불리는 책이지만 지금도 현대인의 삶의 모든 영역에서 적용될 수 있으며 오늘 인쇄된 조간 신문보다 최신 인터넷 정보보다 더 최첨단의 내용을 담고 있습니다. 그리고 항상 저자를 옆에 모시고 읽을 수 있는 유일한 책이 바로 성경입니다.

## ✥ 성경이 말하고 있는 해답

"예언은 언제든지 사람의 뜻으로 낸 것이 아니요 오직 성령의 감동하심을 입은 사람들이 하나님께 받아 말한 것임이니라"(베드로후서 1:21)

"모든 성경은 하나님의 감동으로 된 것으로 교훈과 책망과 바르게함과 의로 교육하기에 유익하니"(디모데후서 3:16)라고 말씀하고 계십니다.

## ✥ 복음제시로 신속히 돌아가라

선생님 우리의 대화를 위해서 성경이 하나님의 말씀이라고 가정해 봅시다. (그리고는 신속하고 예의있게 반대의견이 제기되었던 자리로 돌아가서 복음제시를 계속하십시오. 시간이 허락되면 앞에 열거한 내용을 설득력있게 설명할 수 있으나 그것은 강력한 핵심적 복음전파를 위해서 과감히 생략하는 것이 좋습니다. 왜냐하면 그가 복음을 받아들인다면 그는 얼마든지 장구한 시간을 두고 체계적인 양육을 받게될 것이기 때문입니다.)

## 27.

### 이순신 장군은 구원을 받았습니까?

### ❖ 질문에 대한 이해

이런 질문의 대부분은 복음을 거부하고자 하는 반대를 위한 질문입니다. 대화의 주제를 엉뚱하게 바꾸어 복음제시 진행을 방해하려는 사탄의 연막전술인 경우가 많습니다. 이런 의외의 질문은 대화의 서두에 실패했을 경우 나올 수 있습니다. 하지만 복음 제시에 가치없는 질문이라고 생각되어도 진지하게 들어 줄 때 반대질문의 70-80%는 해소되어지는 경우를 보게 됩니다.

**전 도 자**  저는 천국의 영생을 확신하고 있어요. 김집사님도 영생을 확신하고 계시지요? 선생님은 어떠세요?

**반대의견**  그런데 이순신 장군은 구원을 받았습니까?

**공     감**  흥미있는 질문이시군요. 참 깊으신 생각입니다.

**명 료 화**  이순신 장군의 구원 문제까지 관심을 가지시는 것을 보니 영혼 구원에 아주 깊은 관심이 있으신 것 같군요.

**처방과 답변**  그러나 중요한 것은 궁극적으로, 이순신 장군의 구원 문제는 하나님이 아실 것이고, 현재를 살아가는 우리의 구원이 더 중요하지 않겠어요?

## ❖ 성경이 말하고 있는 해답

"하나님을 알 만한 것이 저희 속에 보임이라. 하나님께서 이를 저희에게 보이셨느니라. 창세로부터 그의 보이지 아니하는 것들, 곧 그의 영원하신 능력과 신성이 그 만드신 만물에 분명히 보여 알게 되나니, 그러므로 저희가 핑계치 못할지니라(로마서 1:19-20)"라고 말씀하고 계십니다.

## ❖ 복음제시로 신속히 돌아가라

선생님, 우리가 더 중요한 주제를 위해서 그 문제를 뒤에서 이야기하기로 하고 그 주제에 관한 질문 하나 드리겠습니다. 만약 오늘 밤이라도 이 세상을 떠나신다면 천국에 들어갈 것을 확신하고 계십니까?

# 제 4 장

## 복음제시 진행 중 제기되는 반대의견들

## 복음의 요리사

전도자는 같은 형식의 복음을 여러 번 전할 때마다 자신도 지루하고 진부하게 느껴질 때가 많이 있었을 것입니다. 그렇습니다. 동일한 복음을 동일한 방법으로, 전한다는 것은 힘겨운 일이 아닐 수 없습니다. 그러므로 전도자는 같은 말을 하더라도 전도 상황에 민감하게 반응하여 전도 대상자가 편안한 마음으로 복음을 듣고 영접할 수 있도록 맛깔스러운 복음의 요리를 만들어 제시할 수 있어야 합니다. 요리사가 감자를 요리하는 방법이 27가지 이상 된다고 합니다. 감자의 영양소를 파괴시키지 않는 범위 내에서 요리사가 다양한 요리를 해서 사람의 구미를 당기게 한다면, 우리 전도자는 복음을 전달하는 요령(?)과 방법을 요리사 이상으로 연구하고 노력해야 한다고 생각합니다. 성경은 "때를 얻든지 못 얻든지 항상 힘쓰라. 범사에 오래 참음과 가르침으로 경책하며 경계하며 권하라"(디모데후서 4:2)고 말씀합니다.

## 맛깔스러운 요리

복음제시에 있어서 다양한 예화는 반대의견을 배제시킬 수 있으며 복음을 쉽게 이해하도록 도와줄 수 있습니다. 우리는 보다 많은 사람들을 그리스도 앞으로 인도하기 위해서 유사한 예화이지만 다양한 예화를 준비하여 사람들을 진리의 빛으로 이끌어 내어야 합니다. 전도자 바울은 다음과 같이 말씀하고 있습니다. "유대인들에게는 내가 유대인과 같이 된 것은 유대인들을 얻고자 함이요…, 약한 자들에게는 내가 약한 자와 같이 된 것은 약한 자들을 얻고자 함이요, 여러 사람에게 내가 여러 모양이 된 것은 아무쪼록 몇몇 사람들을 구원코자 함이니, 내가 복음을 위하여 모든 것을 행함은 복음에 참예하고자 함이라"(고린도전서 9:20-23)고 말하고 있습니다.

우리가 다루는 처음 대화 서두를 전도 대상자의 수준에 맞추는 것이 중요하듯이 복음제시 역시도 뼈대(복음의 전개과정)는 동일하지만 복음을 설명하기 위한 예화는 전도 대상에 따라 달라야 더 쉽게 복음을 설명할 수 있습니다. 그러나 전도자는 예화를 통한 설득인 표현보다 어휘속에 숨겨진 전도자의 마음이 중요합니다. 표현되지 않는 언어는 영혼을 사랑하는 애틋한 마음입니다. 우리가 천국의 기쁜소식을 전할 때 자신이 알고 있는 지식을 마치 강의하는 듯한 인상으로 전해서는 안될 것입니다. 예를들면 "제가 깨닫게 된 복음의 말씀은"이란 식으로 대화의 형식으로 친절하게 안내자가 되는 것이 효과적입니다. 더욱이 기독교 배경을 갖고 있는 사람들에게는 우리의 언어 표현에 주의하여야 합니다.

제 3장은 복음제시 중 부딪치게 되는 반대의견을 처리하는 다양한 예화(처방과 답변)만을 제시 하였습니다. 보다 효과적으로 복음을 전하고자 하는 전도자들에게 도움이 될 것입니다.

## 28.

## 당신은 천국을 가 보았습니까?

### ❖ 철학적 대답

철학자들의 말에 의하면 이것을 인식론적 질문이라고 합니다. 인식론적 질문이란 쉽게 말하자면 "어떻게 내가 천국이 있는지 아느냐?"하는 질문입니다. 이런 질문은 우리의 감각만으로는 감지될 수 없는 분야로 형이상학에서는 매우 중요한 질문입니다. 이 질문에 대한 대답은 대개 역사적으로 두 가지 방법이 있습니다.[12]

첫째, 이성주의라는 것입니다. 어떤 문제에 대해 많은 시간을 보내며 골똘히 생각한 후에 있다, 없다 하고 결론을 내리는 것이지요. 그러니까 인간의 아무런 지식이나 자료없이 지성의 힘으로만 자기 나름대로의 결론에 도달한다는 입장입니다. 예를 들면 불교의 부처 고타마 싯다르타가 행한 방법입니다.

둘째, 계시주의라는 것입니다. 사람이 알 수 없는 것을 사람으로 하여금 알 수 있도록 이 질문에 대한 답을 주시기 위해 하나님께서 보여주신 것을 말합니다. 이 답으로 하나님께서는 그의 아들 예수 그리스도를 보내 주셨고 그의 아들을 통해 천국이 있다는 것과 어떻게 갈 수 있는가를 말씀해 주셨습니다. 달에 갔다 온 우주 비행

사가 달에 사람이 없다고 전해 주어 우리가 알고 있는 것처럼 천국에서 오셨고 천국에 대해 말씀하신 예수로 인해 천국이 있음을 아는 것입니다.[13]

## 🕆 성경이 말하고 있는 해답

우리는 예수 그리스도의 인격을 믿고 천국이 있다는 것을 믿을 수 있습니다. 또한 인류 역사상 세계 최고의 베스트셀러인 성경이 천국이 있다는 것을 수없이 말하고 있습니다. 1년, 2년 혹은 100년은 속일 수 있겠으나 2000년 동안 계속되어 온 성경의 사실을 어찌 속일 수가 있겠습니까? 성경은 "또 왼편에 있는 자들에게 이르시되 저주를 받은 자들아, 나를 떠나 마귀와 그 사자들을 위하여 예비된 영영한 불에 들어가라"(마태복음 25:41), "이에 그 거지가 죽어 천사들에게 받들려 아브라함의 품에 들어가고 부자도 죽어 장사되매 저가 음부에서 고통 중에 눈을 들어 멀리 아브라함과 그의 품에 있는 나사로를 보고… 내가 불꽃 가운데서 고민하나이다."(누가복음 16:22-24)라고 말씀하고 계십니다.

(많은 설명보다는 성경의 권위를 두고 "성경이 분명히 말씀하고 있습니다"라고 확신있게 말하는 전도자의 태도가 중요합니다. 천국의 존재를 부인할 때는 성경의 권위로 돌리십시오.)

## 29.

## 지옥은 실제로 있습니까?

### ✚ 심리학적 대답

선생님도 아시겠지만 심리학에서는 우리가 가장 절망적으로 두려워하는 그것을 실제적으로는 필사적으로 부인하고 있다고 말합니다. 선생님 마음속 깊은 곳에 혹시라도 그런 곳에 가게되면 어쩌나 하는 두려움이 자리잡고 있어서 지옥의 존재를 믿지 않으시는 것은 아닌지요? 선생님, 천국이 있음을 말씀하신 예수님께서 심판과 지옥이 있음을 분명히 말씀하고 계십니다.

## 30.

## 사랑의 하나님이 어떻게 지옥을 만드셨나요?
## 지옥이 있다면 나는 그냥 지옥에 가겠습니다

**공　감**　그런 말씀을 하시는 것을 보니 하나님이 사랑이시라는 것을 믿으시는 군요. 선생님 원래 지옥은 사람을 위해 만든 것이 아니라, 사단과 그를 추종하는 자들을 심판하여 벌하기 위해서입니다. 하나님은 공의로우십니다. 만약 이 세상에 법이 없고 심판과 형벌이 없다면 무법천지일 것입니다. 하나님은 우리에게 지옥의 형벌을 면해주기 위하여 독생자 예수 그리스도의 희생을 치르셨습니다. 성경은 "내가 무궁한 사랑으로 너를 사랑하는 고로 인자함으로 너를 인도하였다 하였노라"(예레미야 31:3)고 말씀하고 계십니다.

### ✥ 작은 물새

　태평양의 바닷물을 물새 한 마리가 입으로 한 모금씩 옮겨 대서양을 채운다고 합시다. 태평양의 물이 다 마르기까지 얼마나 긴 세월이 필요하겠습니까? 그러나 그것도 시작이 있기 때문에 다 옮겨지는 끝이 있을 것입니다. 그러나 지옥의 형벌이 무서운 것은 영원한 시간이 가도 끝없이 영원하기 때문입니다.

## 아우스비취 수용소 실화

　나치 치하 죽음의 장소라고 불리우는 유태인들을 수용한 "아우스비취 수용소"가 있었습니다. 그곳은 아주 살벌한 죽음의 현장이었습니다. 어느 날 하루의 고된 노동을 마치고 한 가족이 허름한 창고에서 잠을 자던 중 어린 아들이 악몽을 꾸게 됩니다. 악몽에 시달리는 아들을 어머니가 깨우려 하자 아버지가 깨우지 못하게 하는 것입니다. 왜냐하면 현실이 더 악몽 같은 지옥이기 때문입니다. 완전히 소망을 포기하고 들어간 지옥은 깨어날 수 없는 영원한 고통의 장소입니다. 일장춘몽과 같은 이 세상을 보내고 눈을 떴을 때 이런 영원한 고통이 시작됨을 성경은 말씀하고 있습니다. "저가 음부에서 고통 중에 눈을 들어… 내가 이 불꽃 가운데서 고민하나이다" (누가복음 16:23-24)라고 말씀하고 계십니다.

● 적절한 찬송
♬ 예수 공로 아니면 영원 형벌 받네 144장 ♬

## 31.

## 나 같은 사람도 하나님의 은혜의 선물을 받을 자격이 있습니까?

대부분 이런 유형의 질문을 하는 사람은 실제로 그의 삶이 도덕적으로 바른 생활을 하기 위해 힘쓰는 사람입니다. 진정한 그리스도인들은 육체의 노력으로 하나님을 기쁘시게 할 수 없을 뿐 아니라 스스로 자신을 구원할 수도 없음을 알고, 자격없는 자에게 주시는 하나님의 은혜를 받아들인 사람들입니다.

### ✠ 은혜는 물(水)에 원수는 돌(石)에

선생님 옛말에 은혜는 물(水)에 새기고 원수는 돌(石)에 새긴다는 말이 있습니다. 우리 인간은 하나님으로부터 그 큰 은혜를 받고 살아오면서도 그 은혜는 다 기억하지도 못하고, 원수 맺는 일만 마음에 새기고 살아왔습니다. 그만큼 우리가 악함에도 불구하고 하나님께서는 천국을 값없이 주시기를 원하십니다.

## 32.

### 교회 나가지 않아도 선하게 살면 천국에 갈 수 있지 않습니까?

### ✚ 유기적인 관계

선생님! 학생들이 학교를 매일 다니는 이유와 환자가 병원에서 계속 치료받는 이유가 무엇이겠습니까? 자신의 유익을 위해서입니다. 우리 몸은 여러 지체가 모여 하나의 몸을 이루고 있습니다. 머리와 몸이 분리되면 생명을 유지할 수 없는 것처럼 교회는 유기적인 관계를 갖고 있습니다. 그러므로 교회생활은 신앙생활에 매우 중요합니다. 성경은 "이와 같이 우리 많은 사람이 그리스도 안에서 한 몸이 되어 서로 지체가 되었느니라"(로마서 12:5)고 말씀하십니다.

## 33.

### 내가 왜 죄인입니까?
### 큰 죄를 짓지 않고 살았습니다.

**공 감** 한평생 동안 죄를 짓지않고 살아 오셨다고 자신 있게 말씀하시는 것을 보니, 정말 훌륭하십니다. 사실 저도 한때는 착하고 선하게 살며, 누구에게도 해 끼치지 않는다고 자부심을 갖고 살았습니다.

### ✚ 보이지 않는 죄

전파가 눈에 보이지 않으나 그 현상을 브라운관을 통해 볼 수 있는 것처럼, 죄도 눈에 보이지는 않지만 죄의 실상은 눈으로 확실히 볼 수 있습니다. 심리학자들에 의하면 죄의 현상은 불안과 초조와 공포감이나 범죄로 나타난다고 합니다. 당신은 천둥번개가 칠 때 불안이나 초조, 공포감을 느껴본 적이 있으시죠? 이런 느낌은 우리 속에 내재되어있는 죄의 증거라고 말할 수 있습니다. 인간은 죄인입니다. 성경은 "사람에게서 나오는 것은 악한 생각 곧 음란과 도적질과 살인과 간음과 탐욕과 악독과 속임과 음탕과 흘기는 눈과 훼방과 교만과 광패니 이 모든 악한 것이 다 속에서 나와 사람을 더럽게 하느니라"(마가복음 7:20-23)고 말씀하고 계십니다.

## ❖ 조류의 특성

어떤 조류 학자가 재미 있는 실험을 했습니다. 그는 남아프리카에서 살고 있는 새의 알을 몇 개 가지고 와서 다른 지방에서 인공부화를 시켰습니다. 그 새는 갈대를 가늘게 찢어서 둥지를 만들고 그 밑바닥에 구멍을 만들어 출입구로 삼는 특이한 새였습니다. 그 학자는 인공부화를 시킨 새로 하여금 다시 알을 낳게 하고 또 다시 그 알을 부화시키는 방법으로 5대째까지 했습니다. 그리고 나서 그 5대째 되는 새를 다시 그들의 조상이 서식하는 남아프리카로 데려갔습니다. 물론 이 새는 인공부화 되었기에 갈대로 만든 둥지를 한 번도 본 적이 없었습니다. 그런데도 그 새는 제일 먼저 갈대를 발견하고는 가늘게 가지런히 짜서 집을 짓고는 바닥에 구멍을 내어 출입구로 만들어 살기 시작했다고 합니다. 본능이란 것이 얼마나 원초적인가 하는 것을 한 마리의 새를 통해서 우리가 알 수 있습니다. 우리 인간에게도 본능이 있습니다. 그러나 그것은 최초의 원죄를 그대로 물려받은 타락한 본성입니다. 인간은 태어날 때부터 타락한 죄성을 가지고 태어납니다.[14] 모든 인간은 죄인입니다.

## 34.

## 인간 스스로 노력을 통해
## 구원을 얻을 수 있지 않습니까?

### ✥ 역도 선수의 무능

  건장한 역도 선수는 자기 체중의 2배 이상인 역기를 들어올린다고 합니다. 그런데 이상한 것은 살과 뼈로 된 자기 몸은 아무리 힘을 써도 들어올리지 못합니다.[15] 제 몸이 아무리 가벼워도 제 스스로는 못 드는 것처럼 죄인은 자신을 스스로 구원할 수 없습니다.

## 35.

## 당신은 하나님을 보았습니까?

**공 감** 어쩌면 저와 똑같은 생각을 하고 계십니까? 영생을 얻기 전 저는 선생님과 같은 생각을 했습니다.

### ✤ 객관적인 권위

성경은 세계적인 베스트셀러입니다. 세계의 지성인인 아인슈타인, 파스칼, 슈바이쩌, 나폴레옹, 링컨, 닉슨 등이 성경을 하나님의 말씀으로 믿었습니다. 그들 모두가 하나님을 보지 않고 믿었습니다. 그 누구도 하나님을 다 이해했기 때문에 믿음을 가진 사람이 없습니다. 믿음을 가졌기 때문에 이해가 된 것입니다.

## 36

### 하나님이 살아 계시다는 것을 어떻게 알 수 있습니까?

#### ❖ 방앗간 이야기

어느 시골 방앗간에서 갑자기 전기가 나가 하던 일을 멈추게 되었습니다. 어차피 쉬는 시간이라 한 사람이 하나님의 계심과 천국에 대한 이야기를 꺼냈습니다. 주인은 비웃듯이 "여보시오, 동화 같은 이야기로 유혹하지 마시오. 하나님이 어디 있고 천국이 어디 있단 말이오?" 그때 기계가 요란한 소리를 내며 돌아가기 시작했습니다. "자! 일들이나 하세. 전기가 들어왔네." "전기가 들어온 것을 어떻게 압니까? 보이지 않는데…." "기계가 돌아가고 있지 않소." 그렇습니다. 전기는 보이지 않지만 기계가 도는 것으로 전기가 들어온 것을 알 수 있듯이 하나님은 보이지 않지만 이 거대한 우주가 돌아가는 것을 보아 하나님은 확실히 살아 계십니다.[16]

### ✜ 믿음의 줄

추운 겨울날 언덕 위에서 소년들이 연을 날리고 있었습니다. 알맞게 부는 바람을 타고 연은 높이 날아올라 시야(視野)에서 사라졌습니다. 지나가던 사람이 다가와서 "너희들 여기서 무얼 하니?"라고 물었습니다. "연을 날리고 있어요." "연은 보이지 않는데?" "그렇지만 연이 줄을 당기는 힘을 팽팽하게 느껴요. 그래서 연은 안보여도 저 높은 하늘에서 바람을 타고 있는 것을 알지요." 하나님도 눈에는 보이지 않지만 믿음의 줄을 당겨보면 느낄 수 있습니다. 연줄이 끊어지면 연은 멀리 날아가 버리고 말 듯이 믿음의 줄이 끊어지면 하나님도 나에게서 멀어집니다. 성경은 "어리석은 자는 그 마음에 이르기를 하나님이 없다 하도다"(시편 14:1)라고 말씀합니다.

### ✜ 미용실 거울

미용실에서 한 아주머니가 머리를 손질하면서 미용사에게 하나님과 천국에 대하여 이야기를 했습니다. 미용사의 말입니다. "손님께서는 하나님의 존재를 어떻게 아십니까?" "마음의 눈으로 보지요." "저는 안 보이는데요." "앞의 거울에 까만 페인트칠을 하면 제 모습이 보일까요?" "그야 물론 안보이지요." "그럼 나의 존재는 없어진 것인가요? 그렇지 않죠. **빽빽**한 구름과 같은 저와 선생님의 죄로 인하여 거룩하신 하나님을 볼 수 없게 되었답니다." 성경은 "우리가 이제는 거울로 보는 것같이 희미하나 그때에는 얼굴과 얼굴을 대하여 볼 것이요, 이제는 내가 부분적으로 아나 그때에는 주께서 나를 아신 것같이 내가 온전히 알리라"(고린도전서 13:12)고 말씀하고 계십니다.

## ✜ 생명의 기원

　태중의 신생아는 부모로부터 유전적 형질을 이어받아 어딘가 모르게 부모를 닮았습니다. 그러면 영혼(靈魂)의 정신(魂) 세계는 누가 부여한 것입니까? 어머니의 영혼이 나뉘어져 또 다른 인격체가 되었다고 보는 사람은 없습니다. 한 어머니에게서 태어난 여러 명의 자녀가 개성이 다르듯이 인격은 고유한 것입니다. 과학은 인체의 조직이 만들어지는 과정을 설명할 수 있지만 영혼의 세계의 형성 과정을 설명하지 못하고 있습니다. 하나님은 영이시기 때문에 우리의 육안으로 볼 수 없지만 확실히 살아 계십니다. 성경은 "여호와 하나님이 흙으로 사람을 지으시고 생기를 그 코에 불어넣으시니 사람이 생령(生靈)이 된지라"(창세기 2:7)고 말씀하시고 계십니다.

## 37.

## 하나님은 왜 선악과(善惡果)를 만들어 놓으셔서 인간이 죄를 짓게 하셨습니까?

### ✥ 오묘한 자연의 섭리

 어떤 사람이 호두나무 그늘 밑에 앉아 호박 넝쿨을 바라보면서 문득 이런 생각에 잠기게 되었습니다. "하나님은 참 이상하셔! 땅 위를 기는 것밖에 아무 것도 할 줄 모르는 저 가냘픈 덩굴에다 어찌 저렇게 큰 호박을 달아 놓으셨을까? 게다가 어찌 저 작은 호두 열매는 큰 어른이 매달려도 부러지지 않는 튼튼한 나뭇가지에 매달아 놓으셨을까? 만약 내가 하나님이었다면 이보다는 훨씬 더 잘할 수 있었을 텐데 말이야!" 바로 그때였습니다. 갑자기 세찬 바람이 불더니 잘 익은 호두 열매 하나가 떨어져 공교롭게도 명상에 잠겨 있던 바로 그 사람의 머리 위에 '딱!' 하고 떨어졌습니다. 그 순간 이런 생각이 스쳐 지나갔습니다. 호두나무에 호박이 달려 있었다면 내 머리가 어떻게 되었을까?" 성경은 "하나님이 모든 것을 지으시되 때를 따라 아름답게 하셨고 또 사람에게 영원을 사모하는 마음을 주셨느니라. 그러나 하나님의 하시는 일의 시종(始終)을 사람으로 측량할 수 없게 하셨도다"(전도서 3:11)라고 말씀합니다.

## ✥ 개미와 컴퓨터

제한된 인간이 하나님의 창조의 오묘한 일을 이해하는 것보다 개미가 최신의 컴퓨터를 이해하는 것이 더 쉬울 것입니다. 하나님은 이해의 대상이 아니라 믿음의 대상입니다. 성경은 "깊도다. 하나님의 지혜와 지식의 부요함이여, 그의 판단은 측량치 못할 것이며 그의 길은 찾지 못할 것이로다"(로마서 11:33)라고 말씀하고 계십니다.

## 38.

### 하나님이 전능하시다면 구원의 방법을 달리 할 수 있지 않겠습니까?

### ❖ 자비로운 로마 황제

　로마의 황제가 한 원로원의 집의 만찬에 초대를 받게 되었습니다. 하인들은 조금도 쉴 틈이 없이 분주한 모습으로 음식을 장만하고 있었습니다. 그러던 중 한 늙은 하인이 정신없이 일하다가 그 집의 가보인 값비싼 도자기 하나를 떨어뜨려 깨뜨리고 말았습니다. 주인은 화가 나서 그 하인을 끌어내어 악어가 살고 있는 연못 속에 집어 넣으라고 하였습니다. 하인은 얼굴이 새파랗게 질려 용서를 구했으나 주인은 완강하였습니다. 그 가보를 깨뜨리는 사람은 악어의 밥이 되게 하는 것이 그 집에서 정해 놓은 규례(율법)였기 때문입니다. 자비로운 황제는 그 딱한 모습(인간)을 보고 그만 하인을 용서해 주라고 원로원에게 말했습니다. 그러나 원로원은 자기 집의 규례라는 것 때문에 황제의 요청조차도 거절했습니다. 그러자 황제는 자리에서 벌떡 일어나더니 또 다른 가보인 도자기를 일부러 깨뜨렸습니다.(우리를 대신하여 죄를 삼으신 것은) 황제는 주인에게 다음과 같이 말했습니다. "나도 이 집의 가보를 깨뜨렸으니 이 집의 규례에 의해서 저 하인과 함께 연못 속에 던져 나를 죽이라!" 그러나 아무리 그 집의 가보를 깨뜨렸다고 해도 황제를 죽일 수는 없었기 때문에(은혜로 구원을 얻은 것이라) 원로원은 그 하인을 용서해 줄 수밖에 없었습니다. 하인은 황제의 사랑과 은혜로 말미암아 살아남을 수 있었습니다." 성경은 "하나님이 죄를 알지도 못하신 자로 우리를 대신하여 죄를 삼으신 것은 우리로 하여금 저의 안에서 하나님의 의가 되게 하려 하심이니라" (고린도후서 5:21)고 말씀하고 계십니다.

## 39.

## 하나님이 살아 계시다면서 왜 사람들이 고난받을 때에 돌아보지 않으십니까?

### ❖ 인디언 추장

아프리카의 어느 부족 성인식 이야기가 있습니다. 어느 정도 아이가 자라면 밤에 그 아이를 데리고 밀림 깊숙이 들어갑니다. 그것도 달이나 별이 뜨지 않는 캄캄한 밤을 택해서 정글 속 깊은 곳으로 데리고 가서 아이에게 칼만 한 자루 쥐어 주고는 깊은 밀림 속에서 혼자 밤을 지세우도록 합니다. 사나운 맹수들의 울음 소리를 들으면서 두려움 속에 완전히 뜬눈으로 긴긴 밤을 보내게 됩니다. 옆에서 바스락거리는 소리만 들려도 아이는 신경을 곤두세우고는 긴장을 하게 되지요. 이런 위험에서 살아나는 자만이 성인이 될 수 있다는 것입니다. 공포의 밤을 보낸 이 아이가 새벽이 되어서 어느 정도 좌우를 분간하게 되는 순간 이 아이는 소스라치게 놀라고 말았습니다. 왜냐하면 바로 자기 옆, 얼마 떨어지지 않은 곳에서 아버지가 완전무장을 하고서 밤새도록 그를 지켜주고 있었다는 사실을 비로소 깨달았기 때문입니다. 그렇습니다. 비록 하나님은 우리 눈에는 보이지 않지만 지금도 우리와 함께하십니다. 성경은 "이스라엘을 지키는 자는 졸지도 아니하고 주무시지도 아니하시리로다" (시편 121:4)라고 말씀하고 계십니다.

## 40.

### 하나님은 참으로 불공평하십니다
### 왜 이스라엘 민족을 선택하시고
### 아프리카 사람들은 그렇게 가난하게 두셨습니까?

### ✥ 해변의 조약돌

한 소녀가 친구와 함께 해변가를 거닐고 있었습니다. 정말 예쁜 조약돌이 많았습니다. 이 소녀는 많은 조약돌 가운데 하나를 주어 들었습니다. 그러자 옆에 있는 수많은 조약돌이 소리를 쳤습니다. 왜 나를 선택하지 않느냐는 것입니다. 이때 소녀는 "내 마음이야!" 하고 대답했습니다. 하나님의 절대주권 앞에 피조물인 우리는 하나님께서 하시는 일에 반문할 수 없다는 것입니다. 그러나 성경은 "하나님은 모든 사람이 구원을 받으며 진리를 아는 데 이르기를 원하시느니라"(디모데전서 2:4)고 말씀하고 계십니다.

## 41.

### 십자가에서 죽은 예수 그리스도가 정말로 부활했습니까? 믿기 어렵습니다

이런 질문의 유형의 사람들은 실제로 예수 그리스도를 역사적인 인물로 믿기는 하지만 육체로 부활하심을 믿지 않는 사람들입니다.

**공  감** 선생님, 참 중요한 말씀을 해주셔서 감사합니다. 부활은 기독교에서 가장 중요한 진리입니다. 만일 기독교에 부활이 없다면 그의 탄생과 그의 생애의 가르침, 그의 십자가의 죽음은 우리의 구원에 무가치한 것이기 때문입니다. 예수 그리스도의 부활을 믿으면 기독교의 모든 진리가 세워질 수도 있고 믿지 않으면 무너질 수밖에 없습니다.

### ❖ 확실한 부활의 증거

인도에 가면 석가모니 무덤이 있습니다. 중국에 가면 공자의 무덤이 있지요. 중동에 가면 마호메트 무덤이 있습니다. 이스라엘에 가면 예수님의 무덤이 있습니다. 똑같은 무덤인데 예수님의 무덤은 비어 있습니다. 예수님은 로마의 문명권에서 부활했으며, 부활 후 500명에게 일시에 보이셨고 또 개인적으로 보여주셨고 승천하기 전 40일을 세상에 계셨습니다. 1833년에서 48년까지 하버드 대학교 법학 교수였던 사이몬 그린리프 교수는 그리스도의 부활이 실제로 일어난 역사적 사건이었다고 결론지었습니다.[19] 선생님, 제가 예수 그리스도의 부활을 믿는 결정적인 이유를 말씀드리겠습니다. 그것은 성경의 예언과 성취입니다. 예수 그리스도의 부활을 목격한 가장 극적인 사람은 사도 바울로서 예수는 죽었다고 확신하였던 기독교인들을 잡는 테러리스트였습니다. 그러나 그는 다메섹으로 가는 길에서 부활하신 예수 그리스도를 목격하게 되었고 다음과 같이 증언하고 있습니다. "그리스도께서 만일 다시 살지 못하셨으면 우리의 전파하는 것도 헛것이요, 또 너희 믿음도 헛것이며" (고린도전서 15:14) 만일 부활이 없었다면 수많은 순교자들이 있었겠습니까? 심리학에서는 자신이 진리로 믿지 않는 전설을 위해서 목숨을 내놓을 사람은 없다고 말하고 있습니다. 부활이 점차적으로 구성된 하나의 전설이라는 이론은 고고학의 발전으로 입을 다물게 되었답니다.

### ❖ 생명의 신비

수년 전, 그리스에서 3000년 이상된 미이라가 발견되었습니다. 그 미이라 옆에는 당시 사람들이 주식(主食)으로 먹던 곡식들이 항아리에 담겨져 있었다고 합니다. 3000년이 묵은 곡식을 좋은 땅에 심고 적당한 수분과 햇빛을 쪼였습니다. 그런데 신기하게도 파란 새싹이 돋아났습니다. 왜 그럴까요? 3000년이 지났지만 그 속에는 생명이 있었기 때문입니다. 볍씨가 땅에 떨어져 썩으면 새싹이 나는 것처럼 예수님도 죽어 장사되었지만 생명의 본체이시기 때문에 부활하셨습니다. 하나님은 식물의 씨앗 자체를 창조하신 창조주이십니다. 성경은 "아들이 있는 자에게는 생명이 있고 하나님의 아들이 없는 자에게는 생명이 없느니라"(요한일서 5:12)고 말씀합니다.

### ❖ 톱니 달린 물고기

 아프리카 밀림 호수에는 앞부리에 톱니와 같은 강한 부리를 갖고 있는 특이한 물고기가 서식하고 있다고 합니다. 어느날 톱니달린 물고기는 엄청난 큰 뱀에게 크고 작은 물고기와 함께 통째로 잡혀 먹히고 말았습니다. 많은 물고기들은 순식간에 죽음을 맞이하게 되었습니다. 그런데 톱니를 가진 물고기가 몸을 움직여 내장을 뚫고 마침내는 뱀의 몸통을 뚫어 유유히 맑은 호숫가로 나왔습니다. 죽음을 기다리고 있던 다른 물고기들도 톱니달린 고기를 따라 맑은 호숫가로 나올 수 있었습니다. 죽음은 예수 그리스도를 삼킨 바 되었지만 생명되신 그리스도는 죽음의 권세를 깨뜨리고 부활의 첫 열매가 되셨습니다. 성경은 "예수께서 가라사대 내가 곧 길이요, 진리요, 생명이니 나로 말미암지 않고는 아버지께로 올 자가 없느니라"(요한복음 14:6)고 말씀하고 계십니다.

• 적절한 찬송
♫ 거기 못 가두네 예수 내 구주 우리를 살리네 예수 내 주 원수를 다 이기고 무덤에서 살아나셨네 어두움을 이기시고 나와서 성도 함께 길이 다스리시네 사셨네 사셨네 예수 다시 사셨네 150장 ♫

## 42.

### 하나님이 전능하시다면 꼭 이 땅에 오실 필요가 있었겠습니까?

#### ✥ 육신을 입으신 예수 그리스도

철학자 키에르케고르는 하나님이 육신을 입으신 것을 비유적으로 이렇게 설명해 주고 있습니다. 어느 왕자가 신하들과 함께 사냥을 갔다 돌아오는 길에 예쁜 시골 처녀를 만나게 되었습니다. 너무도 사랑스러워서 왕궁에 돌아와서도 왕자는 계속 그 처녀만 생각하게 되었습니다. 왕자는 고민 끝에 그 처녀를 자기의 아내로 맞이하기로 결심을 하게 되었습니다. 그런데 그의 사랑을 이루는 방법으로 세 가지가 머리에 떠올랐습니다.

첫째는 자신의 권위를 이용하는 것입니다. 왕자라는 권위로 자기의 사랑을 받아들이라고 명할 때 그 처녀는 거역할 수 없을 것입니다. 그러나 이 방법으로는 처녀의 진정한 마음을 알 수 없기 때문에 바람직하지 않다고 판단되었습니다.

둘째는 왕궁의 영화를 보여주는 것이었습니다. 그 처녀를 왕궁으로 초대해서 왕실의 영화를 보여주면서 구애를 하는 방법입니다. 그러나 이것도 처녀의 진심을 읽기 어렵기에 포기하기로 했습니다.

셋째는 자신이 처녀와 같은 평민의 신분으로 돌아가서 아무런 조건이나 요구없이 순수하게 평민으로 살면서 구애하는 것이었습니다. 왕자는 이 방법이 가장 바람직하다고 생각하고 왕궁을 떠나서 평민의 신분으로 시골 마을에 들어갔습니다. 이것이 바로 하나님께서 영광을 버리시고 인간이 되신 동기이십니다.<sup>30</sup> 예수 그리스도는 무한하신 참 하나님이신 동시에 참 인간이십니다. 성경은 "그는 근본 하나님의 본체시나 하나님과 동등됨을 취할 것으로 여기지 아니하시고 오히려 자기를 비어 종의 형체를 가져 사람들과 같이 되었고"(빌립보서 2:6-7)라고 말씀합니다.

- 적절한 찬송

♪ 저 높고 높은 별을 넘어 이 낮고 낮은 땅위에 죄 범한 영혼 구하려 그 아들 보내사 화목제로 삼으시고 죄 용서 하셨네.404장 ♪

## 43.

예수 그리스도의 십자가 사건이
어떻게 전인류를 구원할 수 있습니까?
이 사실을 받아들이기 어렵습니다

### ✠ 인디언 추장 이야기

　미국의 개척 시대에 있었던 이야기입니다. 백인들이 인디언을 쫓아내기 위해서 인디언들이 살고 있는 마을 주위에 불을 질렀습니다. 당시 인디언들은 사방에 옥수수를 심어 놓고 그 가운데에 부락을 만들어서 거주하고 있었는데, 불길이 사방에서 조여 오기 시작했습니다. 몇 시간 뒤에는 마을까지 불길이 번질 상황이었습니다. 마을 사람들은 그저 모두가 발만 동동 구르고 있을 뿐이었습니다. 그때 나이가 많고 경험이 풍부한 추장이 나서면서 마을 사람들에게 외쳤습니다. "어서 빨리 마을 앞 옥수수 밭에 불을 질러라! 꾸물 대지 말고 빨리 빨리 불을 질러라!" 중요한 결단의 순간 추수를 기다리고 있던 옥수수 밭이 새까맣게 불타 버렸습니다. 추장은 다시금 마을 사람들을 향하여 외쳤습니다. "살고 싶거든 모두 다 불탄 자리에 올라서라!" 마을 사람들은 앞을 다투어 젖먹이 어린 자녀들을 끌어안고 평생 살아오던 집에서 나와 불탄 옥수수 밭으로 올라가 그 엄청난 화염을 피해 살아남을 수 있었습니다. 추장은 이미 한번 불에 탄 곳은 다시는 불에 타지 않는다는 사실을 체험적으로 알고 있었던 것입니다.[21] 여기에 기독교의 복음의 핵심이 있습니다. 예수 그리스도께서 우리를 대신하여 무서운 심판을 받으셨습니다. 심판 받으신 십자가의 자리에 나오기만 하면 사망에서 생명으로 옮겨진다는 것이 성경의 말씀입니다. "내가 진실로 진실로 너희에게 이르노니 내 말을 듣고 또 나 보내신 이를 믿는 자는 영생을 얻었고 심판에 이르지 아니하나니 사망에서 생명으로 옮겼느니라" (요한복음 5:24)고 말씀하고 있습니다.

## 44.

### 예수 그리스도의 십자가의 사랑이 이해가 되지만 그래도 노력없이 어떻게 그 사랑을 받아들일 수 있겠습니까?

### ✠ 사람을 찾습니다

 당신은 길거리 전봇대에 붙어 있는 사람을 찾는 포스터를 본 적이 있을 것입니다. "아들아, 내가 다 용서했다. 그리고 네가 빚진 돈을 다 갚았다. 이제 돌아와라. 속히 연락 바란다. 찾아주시는 분께는 후사하겠습니다" 이것이 자식을 잃은 부모의 심정일 것입니다. 부모는 아들이 그 문제를 해결할 수 없다는 사실을 너무도 잘 알고 계십니다. 이처럼 하나님께서도 이미 우리를 용서하셨고, 우리가 지은 모든 죄값을 갚아 주셨습니다. 우리의 구원은 우리 노력으로 획득하는 것이 아니라 이미 이루어 놓은 구원을 믿음으로 받아들이면 되는 것입니다.

## 45.

### 죄없는 예수 그리스도가
### 왜 십자가에서 죽었습니까?

### ✥ 다시 찾은 나무배

한 소년이 하루는 조각칼로 예쁜 나무배를 만들기 시작했습니다. 손가락이 찔려서 피가 나기도 하고 얼굴에 구슬땀이 송글송글 맺히기도 했습니다. 온종일 걸려서 예쁜 나무배가 완성이 되었습니다. 소년은 설레는 마음으로 즉시 계곡 개울가로 뛰어갔습니다. 돛까지 단 나무배는 너무나도 멋지게 개울물을 따라서 둥실둥실 떠내려갔습니다. 그런데 갑자기 빨라진 계곡물에 나무배는 순식간에 폭포 속으로 떨어져 버리고 말았습니다. 소년은 애써서 만든 예쁜 배를 잃어버리고 허전한 마음으로 되돌아올 수 밖에 없었습니다.

몇 해가 지난 후 우연히 장터에 나갔다가 자기가 만든 그 나무배가 선물 가게 진열대 위에 놓여 있는 것을 보게 되었습니다. 소년은 가게 주인에게 자초 지종을 말하면서 그 나무배를 자기에게 돌려주기를 청했습니다. 그러나 주인은 자기가 돈을 주고 샀기 때문에 그냥은 돌려줄 수가 없다고 하면서 돈을 가지고 오라고 했습니다.

  어쩔 수 없이 집으로 돌아온 소년은 그 동안 푼푼이 모아온 돼지 저금통을 깨뜨렸습니다. 그리고는 그 즉시 상점 주인에게로 가서 상당한 값을 주고 나무배를 찾았습니다. 소년은 너무나도 기뻐서 소리를 질렀습니다. "너는 이제 내 것이다! 두 번이나 내 것이 된 것이다! 첫 번째는 내가 만들었기 때문이고, 두 번째는 내가 값을 주고 샀기 때문이다!"[2] 하나님은 우리를 향해서도 똑같은 말씀을 하십니다. "너는 또 한번 내 것이다. 한번은 내가 너를 창조했기 때문이고, 또한 내가 피값으로 너를 샀기 때문에 내 것이다!" 그렇습니다. 예수 그리스도는 우리를 대신하여 십자가에서 죄값을 치르시고 사흘만에 부활하셔서 천국의 처소를 마련하시기 위하여 승천하셨습니다. 이제 그는 천국의 영생을 당신과 저에게 선물로 제시하고 계십니다. 그것이 바로 은혜라는 말의 의미입니다. 성경은 "너를 창조하신 여호와께서 이제 말씀하시느니라. 내가 너를 구속하였고 내가 너를 지명하여 불렀나니 너는 내 것이라"(이사야 43:1)고 말씀합니다.

## 46.

### 예수 믿는 사람들은 너무 광신적이지 않습니까?

삶이 전적으로 변화된 자로서 열심있는 신앙의 표현이 지나칠 수도 있으나 그런 것이 결코 신앙의 본질에 위배되지 않는다는 사실을 주지시켜 줄 필요가 있습니다. 그러나 많은 경우 이단사설에 연유되어 있는 사이비 신자들을 정통 기독교 신자와 같이 취급하는 경우가 있음으로 성경의 바른 가르침으로 이해시키십시오.

### ✥ 올바른 믿음

꼭 믿어야 할 사실을 믿지 않는 것을 불신이라고 합니다. 그리고 잘못 믿는 것을 미신적인 신앙이라고 하지요. 알지 못하고 맹목적으로 믿는 것은 맹신이라고 합니다. 또한 믿음을 부풀려 믿는 것을 광신이라고 합니다. 성경 말씀에 부모와 가족을 돌아보지 않는 광신(狂信)에 대하여 경계하고 있습니다. "누구든지 자기 친족 특히 자기 가족을 돌아보지 아니하면 믿음을 배반한 자요, 불신자보다 더 악한 자니라"(디모데전서 5:8) 우리가 믿는 참 믿음은 오직 예수 그리스도만을 신뢰하는 믿음입니다.

## 47.

### 예수 믿는 사람들은 천국 가기 위해서 그렇게 교회에 열심히 다니며 헌금하는 것이 아닙니까?

#### ❖ 경건의 생활 동기

몇 해 전 순천향 병원에 간경화로 죽음을 기다리던 30대 후반의 가장(家長)이 있었습니다. 애처롭게 남편의 죽음을 바라보고 있는 젊은 아내와 어린 자녀들의 모습이 정말 안타까웠습니다. 그런데 뜻하지 않은 교통사고로 인해 뇌사 상태로 중환자실에 온 사람이 있었습니다. 이 환자 보호자는 소생 가능성이 없음을 알고 남편의 죽음을 의미있고 뜻있게 하기 위하여 장기이식을 해줄 것을 병원에 요청했습니다. 이 기쁜 소식이 간경화로 죽음을 기다리고 있는 사람에게 전달되었고 곧 장기를 이식할 수 있는 조건이 맞아 이식 수술에 성공했습니다. 3개월 후 수술 경과가 좋아 배에 복수도 다 빠져나오고 혈색도 정상으로 돌아왔습니다. 얼마 후 건강한 몸으로 퇴원하게 되었지만 이 은혜를 입은 사람은 살아가면서 그 은혜를 잊을 수가 없었습니다. 그래서 그는 자기 집을 팔아 전세로 옮기고 1억 이상의 돈을 자기에게 고귀한 생명을 준 그 미망인에게 주었습니다. 생각해 보십시오. 이것이 간(肝) 값입니까? 감사의 표현입니까? 우리의 경건 생활의 동기는 감사의 표현입니다.

### ❖ 돈으로 살 수 없는 것

　돈으로 인생의 부속품은 살 수 있을지 몰라도 인생 자체는 살 수 없습니다. 돈으로 침대는 살 수 있지만 잠을 살 수 없습니다. 책을 살 수 있지만 두뇌는 살 수 없습니다. 음식은 살 수 있지만 식욕은 살 수 없습니다. 장식품은 살 수 있지만 아름다움은 살 수 없습니다. 약은 살 수 있지만 건강은 살 수 없습니다. 집은 살 수 있지만 가정은 살 수 없습니다. 십자가 목걸이는 살 수 있지만 천국의 영생은 돈으로 살 수 없습니다.[20] 천국은 값없이 주시는 선물입니다.

# 제 5 장

## 결신 인도시
## 제기되는 반대의견들

## 소똥 참외

복음을 제시하고 "이해가 되십니까?" 하고 복음의 이해도를 물었을 때 적대적인 반응과 불확실한 반응이 나올 때가 있습니다. 그러나 전도는 결코 실패가 없습니다. 단지 시간이 걸릴 따름입니다.

저녁놀이 질 무렵 농부가 하루 일과를 마치고 소(牛)를 몰고 돌아오는데 길 언덕 위에 소(牛)가 똥을 싸 놓았습니다. 오랜 시일이 지난 후 그곳에는 예쁜 소똥 참외가 여러 개 열매 맺었습니다. 이렇듯 씨뿌리는 것은 농부가 해야할 책임이지만 열매에 대한 결정은 하나님의 영역입니다. 우리가 뿌린 복음의 씨앗이 어디서 열매 맺을지 모릅니다. 사영리 전도 내용 중 전도자에게 격려가 되는 구호가 있습니다. **'성공적인 전도는 성령의 능력 안에서 그리스도만을 전하고 그 결과를 하나님께 맡기는 것이다'**

## 48.

### 인생은 이생뿐이며 죽으면 그만이지 않습니까?
### (복음을 듣고 결단하지 못하는 사람들을 위하여)

### ❖ 안전한 선택

 일본의 우찌무라 간조 목사의 말입니다. 날씨가 흐린 어느 날 우산을 가져갈까, 말까 하며 망설이는 두 아들에게 이렇게 말했습니다. "좀 귀찮고 불편하더라도 우산을 가져가면 안전할 텐데 어느 쪽을 선택하겠니?" 선생님께서는 어느 쪽을 택하시겠습니까? 불편하지만 안전한 쪽을 선택하시겠습니까? 아니면 편하지만 위험한 쪽을 선택하시겠습니까? 어느 전자 제품 광고는 한번 선택이 10년을 좌우한다고 홍보합니다. 그러나 지금의 이 선택은 영원을 좌우한다는 사실을 기억하시기 바랍니다. 성경은 "좁은 문으로 들어가라. 멸망으로 인도하는 문은 크고 그 길이 넓어 그리로 들어가는 자가 많고 생명으로 인도하는 문은 좁고 길이 협착하여 찾는 이가 적음이니라"(마태복음 7:13,14)고 말씀합니다.

## 49.

## 나 같은 것이 어떻게 하나님께서 주시는 영생의 선물을 받을 수 있겠습니까?

### ✥ 은혜의 어원

은혜는 헬라어 원어로 "카리스(Καριο)"라고 하는데 이 말은 윗사람이 아랫사람에게 주는 선물을 뜻합니다. 천국은 하나님께서 인간에게 은혜로 주시는 선물입니다. 사실 우리는 지금까지 정말 값진 것들을 하나님께 거저 받고 살아왔습니다. 성경은 "허물로 죽은 우리를 그리스도와 함께 살리셨고 너희가 은혜로 구원을 얻은 것이라"(에베소서 2:5)고 말씀합니다. 베풀어 주신 혜택으로 은혜의 원천인 예수 그리스도를 거저 받았다는 것입니다.

### ✥ 임금님의 선물

자비와 공의로운 임금께서 하루는 백성들의 형편을 직접 살펴보기 위해 한 고을을 방문하셨습니다. 백성들은 임금님이 지나쳐 가시는 고을 어귀에서 엎드려 임금님을 맞이했습니다. 그런데 백성 중에는 아주 남루한 옷을 입고 초라하게 엎드려 있는 거지도 있었습니다. 임금님께서는 말에서 내려와 다음과 같이 말씀을 하셨습니다. "나는 궁궐에서 모든 백성이 굶주림이 없이 살고 있는 것으로 보고를 받았는데, 이런 어려운 생활을 하고 있다니 과인의 불찰이 크구나" 하시며 준비한 금덩이를 선물로 하사(下士)하셨습니다. 이 거지는 "임금님 제가 어떻게 이 귀한 것을 누추한 손으로 받을 수 있겠습니까? 제가 집에 가서 몸도 씻고 깨끗한 옷을 갈아입고 오겠습니다" 하고 집으로 뛰어갔습니다. 그러자 임금님은 옆에 있는 거지에게 같은 말을 했습니다. 이 거지는 "임금님, 열심히 일하지 못하고 성실하지 못한 제가 이 귀한 것을 받을 만한 자격은 없지만 감사함으로 받겠습니다" 그는 누추한 손을 내밀어 금덩이를 받았습니다. 잠시 후 집에 갔던 거지가 그 장소에 왔으나 임금님은 떠나가시고 말았습니다. 그렇습니다. 저도 몇 해 전 이 무가치한 손을 내밀어 만왕의 왕, 예수 그리스도께서 주시는 영생의 선물을 값없이 받았답니다.

● 적절한 찬송
♪ 아 하나님의 은혜로 이 쓸데없는 자 왜 구속하여 주는 지 난 알 수 없도다 410장 ♪

## 50.

## 나는 너무 죄가 많아 구원받기 어렵습니다

### ✣ 골고다의 한편 강도

예수님께서 십자가에 못박혀 돌아가실 때 한편 강도는 일생을 죄를 지며 살아온 사람이었습니다. 그러나 죽음의 심연(深淵)과 고통 속에서 죄를 고백하고 자신을 그리스도에게 맡겼을 때 영생을 선물로 얻게 되었습니다. 죄가 너무 많아 영생을 얻지 못하는 것이 아니라 죄의 용서를 구하지 않기 때문입니다. 성경은 "자기의 죄를 숨기는 자는 형통치 못하나 죄를 자복하고 버리는 자는 불쌍히 여김을 받으리라"(잠 28:13)고 말씀하십니다. 또한 "주의 약속은 어떤 이의 더디다고 생각하는 것같이 더딘 것이 아니라 오직 너희를 대하여 오래 참으사 아무도 멸망치 않고 다 회개하기에 이르기를 원하시느니라"(베드로후서 3:9)고 말씀합니다.

## 51.

## 현재는 믿기 어렵고 좋은 세상 즐기다가 나중에 믿겠습니다

예수를 일찍 믿는 것을 인생의 낭비로 알고 있는 사람들이 있습니다. 언젠가 믿음을 갖겠지만 지금은 아니라는 것입니다.

### ❖ 하루살이 이야기

파리와 하루살이가 재미있게 놀고 있었습니다. 한참 놀다보니 이제 집에 돌아가야 할 시간이 되었습니다. 하루살이가 파리에게 내일 또 만나서 재미있게 놀자고 했습니다. 과연 하루살이의 인사가 맞는 것입니까?[24] 성경은 "너는 내일 일을 자랑하지 말라. 하루 동안에 무슨 일이 날는지 네가 알 수 없음이니라"(잠언 27:1)고 말씀합니다. 내일은 우리의 날이 아닐 수 있습니다. 지금이 중요합니다. 성경은 "보라, 지금은 은혜 받을 만한 때요, 보라, 지금은 구원의 날이로다"(고린도후서 6:2), "인생은 그 날이 풀과 같으며, 그 영화가 들의 꽃과 같도다"(시편 103:14 )라고 말씀합니다.

### ❖ 엇갈린 운명

미국에서 남북전쟁이 끝난 후 두 병사가 고향으로 가다가 언덕에 있는 교회를 발견했습니다. 한 병사는 교회에 들어가 감사기도를 드리자고 했고, 한 병사는 술이나 마시러 가자고 했습니다. 몇 십 년이 흐른 후 술을 마시자고 한 병사는 알코올 중독으로 범죄자가 되어 교도소에 들어갔는데, 어느 날 신문을 보다 깜짝 놀랐습니다. 그것은 미국의 22대 대통령에 클리블런드가 당선되었다는 기사였습니다. 클리블런드는 전쟁 후 자신과 함께 고향으로 가던 도중 교회에 가자고 했던 전우였기 때문이었습니다. 신앙이 두 사람의 운명을 갈라놓았던 것입니다. 경건한 마음을 갖느냐 세상에 취한 마음을 갖느냐는 이처럼 일생의 운명을 바꾸어 놓습니다.[25]

### ❖ 인삼재배

일본 농업 진흥청에서 인삼을 수경으로 속성 재배하여 성공했습니다. 몇 달 만에 밭에서 6년 기른 크기의 인삼을 길러 냈습니다. 그런데 성분을 분석해 보니 인삼 성분이 하나도 없었습니다.[26] 신앙생활도 속성으로 빨리 되어지는 것이 아닙니다. 지금부터 열심히 믿어 성숙하는 시간이 필요하답니다.

## 52.

## 나는 마음의 준비가 필요합니다
## 제 삶을 정리하고 믿겠습니다

### ✜ 내 마음의 주인(主人)

 어두운 밤 서재를 정리하려면 먼저 불을 켜야 합니다. 이처럼 빛은 예수 그리스도와도 같습니다. 먼저 예수 그리스도를 어두운 마음에 모셔야 주변을 더 빨리 정리할 수 있습니다. 어두움을 마음에서 퍼내는 것보다 빛을 받아들이는 것이 훨씬 지혜로운 자세입니다. 기독교는 스스로 노력을 통하여 얻어지는 구원이 아니라 죄인 된 모습으로 예수 그리스도 앞에 나오면 그분이 나의 마음의 주인으로 오셔서 나의 삶을 다스려 주십니다.

## 53.

## 차차 생각해 보고 믿음을 갖겠습니다

### ❖ 인생의 갈림길

1953년 포로 수용소에서 일어난 일을 기억하십니까? 남쪽에 남을 사람들은 손을 들고 북으로 갈 사람들은 손을 내리라고 했을 때, 손을 든 사람들은 자유 대한민국에서 지금까지 자유를 누리며 살고 있지 않습니까? 이처럼 순간의 선택이 평생을 좌우하듯이 지금 제가 선생님에게 묻고 있는 질문은 어쩌면 선생님의 평생이 아니라 영원을 좌우하는 질문이 될지도 모릅니다. 내일은 우리의 날이 아닐 수 있습니다. 제가 다시 한번 선생님께 묻겠습니다. 진지하게 생각하시고 대답해 주시면 좋겠습니다. 이 영생의 선물을 받기 원하십니까?

## ❖ 영원한 갈림길

우리 나라에서 제일 높은 산인 백두산 꼭대기에 가면 천지라고 하는 호수가 그 곳에 자리잡고 있습니다. 이 호수에서 시작해서 좌우 양편으로 두 개의 큰 강이 흘러내리고 있습니다. 왼쪽으로 흘러내리는 것은 항해와 연결되어지는 압록강입니다. 다른 하나는 오른쪽, 곧 동쪽으로 흘러가서 동해로 연결되어지는 두만강입니다. 그런데 백두산 꼭대기 천지 속에 떨어지는 빗방울은 조금만 서쪽으로 기울어지면 압록강으로 흘러가게 됩니다. 그와 반대로 조금만 동쪽으로 기울어지면 두만강 푸른 물에 노 젓는 뱃사공과 함께 동해로 들어가게 되고 맙니다. 처음에는 똑같이 천지라는 호수 속에 있었지만 얼마 뒤에는 그만 수 천리, 수 만리나 떨어지게 되고 마는 것입니다. 그 이유가 과연 어디에 있습니까? 선택한 방향이 달랐기 때문입니다. 이처럼 내가 과연 어느 길을 선택하느냐에 따라서 내가 다다르게 되는 종착역도 역시 엄청나게 달라진다는 사실을 우리는 잊지 말아야겠습니다. 사람은 누구나 인생의 두 갈림길에 서게 됩니다. 생명의 길이냐? 그렇지 않으면 사망의 길이냐? 물론 선택은 우리에게 주어진 자유입니다. 그러나 우리가 무엇을 선택하느냐에 따라서 그 결과도 엄청나게 차이가 남을 알아야 합니다.

## 54.

## 많은 지식인들이 그리스도를 믿지 않고 있지 않습니까?

이런 경우 단순히 성경의 권위로만 결단을 촉구할 수 있습니다.

### ✣ 지혜의 근본이신 하나님

선생님 역사상 믿음의 위인들 가운데는 훌륭한 인물이 많이 있습니다. 과학, 의학, 철학 등 전문분야에 남다른 권위를 갖고 있지만 그들의 학문은 믿음에 기초를 두고 있습니다. 성경은 "하나님의 지혜에 있어서는 이 세상이 자기 지혜로 하나님을 알지 못하는 고로 하나님께서 전도의 미련한 것으로 믿는 자들을 구원하시기를 기뻐하셨도다"(고린도전서 1:21)라고 말씀합니다.

## 55.

### 교회는 술도 안 된다, 담배도 끊어라, 그럼 도대체 무슨 재미로 삽니까?

**공　감**  "아! 술 담배가 문제이시군요. 저도 한 때는 그랬습니다" 또는 "저희 아버님도 그랬어요" 자칭 애주(愛酒)가이며 골초라는 이 사람에게 이런 이야기를 들려 줄 수 있습니다.

### ❖ 누룽지 간식

　옛날 우리 어머니들은 자녀들 간식으로 누룽지와 수수, 콩대 삶은것을 주었습니다. 보리 고개 시절 이와 같은 간식은 아주 별미였지요. 그러나 요즘 제과점을 통해서 먹는 간식은 옛날 즐겨 먹던 간식을 멀리 떼어놓았습니다. 선생님, 처음부터 술, 담배를 끊으려고 하지 마시고 우선 열심히 신앙 생활 해보세요. 그리고 신앙 생활을 하시다 보면 술, 담배보다 훨씬 유익하고 재미있는 삶을 경험하게 될 것입니다. 그러면 자연히 술, 담배가 멀어질 것입니다.
  ("아, 그거요. 괜찮아요. 질리도록 드셔도 됩니다" 이렇게 말하면 상대방은 당황하게 될지도 모릅니다. 술, 담배를 핑계로 복음을 듣지 않으려고 했는데 전도자가 괜찮다고 하므로 복음을 듣지 않으려는 거부를 약화시킬 수 있을 것입니다.)

### ❖ 숨바꼭질 이야기

  주일 오후 엄마를 따라서 공원에 온 어린 남매가 숨바꼭질을 하며 놀다가 딸이 벤치에 앉아 있는 엄마에게 물었습니다. "엄마, 참 이상하지? 저기 나무 아래 앉아 있는 오빠와 언니 말이야. 아까부터 저렇게 손을 잡고 앉아 있기만 해. 숨바꼭질도 안하고, 무슨 재미람?" 엄마는 이렇게 말해 주었습니다. "애야, 너는 아직 어려서 몰라. 너도 저 언니만큼 크면 저렇게 둘이 손잡고 앉아 있는 것이 숨바꼭질보다 훨씬 재미있는 것을 알게 된단다" 어린 딸은 고개를 갸우뚱하며 숨바꼭질을 계속하려고 달려갔습니다. 선생님, 무슨 재미로 사냐구요? 예수 믿는 재미는 숨바꼭질보다 더 재미있다는 사실을 잠시 후면 알게 될 것입니다."

## 56.

### 진실된 회개를 어떻게 합니까?

### ✜ 닻 줄

칠흑같이 어두운 밤 두 사람의 병사가 나룻배로 적지를 탈출하고 있었습니다. 두 사람은 교대로 열심히 노를 저었습니다. 날이 밝기 전에 공해상(公海上)으로 나가야 하므로 열심히 노를 저었습니다. 병사들이 상당히 멀리까지 왔을 것이라는 안도감이 들 때쯤 동이 터 오기 시작했습니다. 그런데 이게 어찌된 일입니까? 나룻배는 조금도 움직이지 않고 제자리에 멈추어 있지 않겠습니까? 두 병사는 너무 서둘다가 배를 맨 닻줄을 풀지 않고 노를 저었기 때문입니다. 참된 회개는 세상 줄을 끊어야 합니다. 그렇지 않으면 신앙의 공해상에 나아갈 수 없습니다.

### 검은 연탄 이야기

검은 연탄을 아무리 물로 닦아도 희어지지 않을 것입니다. 연탄이 희어지려면 화덕 속에 들어갔다 나와야 하지요. 이와 같이 우리의 죄는 아무리 스스로 씻어 봐도 깨끗해지지 않습니다. 화덕 속에 들어간다는 것은 뜨거운 눈물의 회개를 말합니다. 성경은 "진실로 진실로 네게 이르노니 사람이 거듭나지 아니하면 하나님 나라를 볼 수 없느니라"(요한복음 3:3)고 말씀합니다.

● 적절한 찬송
♪ 먹보다도 더 검은 죄로 물든 이 마음 흰눈보다 더 희게 깨끗하게 씻겼네 주의 보혈 흐르는데 믿고 뛰어 나아가 주의 은혜 내가 입어 깨끗하게 되었네 213장 ♪

## 57.

## 구원의 확신을 어떻게 가질 수 있습니까?

### ✥ 구원의 확신

마태복음 7장 24-27의 말씀을 마음에 새기어 매순간마다 기억하시기 바랍니다. "그러므로 누구든지 나의 이 말을 듣고 행하는 자는 그 집을 반석 위에 지은 지혜로운 사람 같으리니 비가 내리고, 창수가 나고, 바람이 불어도 그 집에 부딪히되 무너지지 아니하나니 이는 주초를 반석 위에 놓은 연고요, 나의 이 말을 듣고 행치 아니하는 자는 그 집을 모래 위에 지은 어리석은 사람 같으리니 비가 내리고, 창수가 나고, 바람이 불어 그 집에 부딪히매 무너져 그 무너짐이 심하니라" 이 말씀은 주님을 영접한 당신께서는 삶의 기초를 하나님의 말씀에 두라는 말입니다. 삶의 기초를 말씀에 둔다는 것은 하나님의 말씀을 삶에 대한 확신의 근거가 되게 한다는 의미입니다. 당신의 감정이나 생각이 어떠하든지 당신은 구원 받은 자라고 인정하는 태도입니다. 대부분의 사람들 중에는 주님을 영접했는데도 불구하고 지속적으로 하나님의 자녀가 되었다는 확신을 갖지 못하는데 이것은 구원 받음에 대한 확신을 말씀에 기초하지 못했기 때문입니다. 말씀에 기초하지 않은 모든 확신들은 비가 오고, 바람이 부는 외적 환경의 변화가 올 때 무너질 수밖에 없습니다. 이러한 삶의 태도는 구원의 확신뿐만 아니라, 생의 전반적인 면에 적용됩니다.

한가지 당신이 기억하셔야할 것은 주님을 믿는 사람들에게도 때때로 비바람이 불어 칠 때가 있다는 것입니다.

 어떤 때는 경제적으로, 어떤 때에는 장래에 대한 염려로, 기타 여러 형태들로 시련이 오는데 이러한 모든 시련들은 하나님에 대한 믿음에 의심을 불러일으킵니다. 그러나 "하나님의 말씀이 그대로 되리라"는 것에 삶의 기초를 둔다면 그 모든 시련 가운데서도 견고해질 것입니다. 당신이 마음속에 꼭 간직하기를 원하는 것은 "영접하는 자는 하나님의 자녀다"라는 말씀입니다. 누가 "당신은 구원 받았습니까?"라고 물을 때 당신은 주님을 영접하셨다면 서슴없이 구원 받았다고 말하십시오. 그리고 당신이 그러한 확신에서 흔들리신다면 성경 말씀 요한복음 1장 12절을 읽어보시고 다시 한번 구원 받았음에 대하여 확신하십시오.

**성경은 "영접하는 자 곧 그 이름을 믿는 자들에게는 하나님의 자녀가 되는 권세를 주셨으니"라고 말씀합니다.**

## 58.

## 구원의 확신에 대한 약속을
## 어떻게 믿을 수 있습니까?

### ❖ 신실한 약속

스페인 수도 바로셀로나에 있는 대형 도서관에 90년 전에 쓰여진 낡은 논문을 후학도가 뽑아 보았습니다. 그런데 논문 속에 다음과 같은 작은 쪽지가 있었습니다. "이 논문을 처음 대하는 분에게 내가 소유하고 있는 동산(動産)과 부동산(不動産)을 주겠습니다" 그리고 그 옆에 싸인과 도장이 찍혀 있었고 당시 법조계 공인이 될만한 변호사의 공증(公證)이 기록되어 있었습니다. 이 후학도는 한낱 종이 쪽지에 불가한 것이지만 그것을 가지고 현행법에 소송을 내었고 여러 번의 재판 결과 승소하여 많은 재산을 소유하게 되었답니다. 그렇습니다. 인간의 약속도 시대가 지나고 세월이 흘러갔지만 그 약속은 훗날 그대로 이루어졌습니다. 하물며 하나님의 약속은 믿는 모든 사람에게 그대로 이루어진다는 것입니다. 성경은 "진실로 진실로 너희에게 이르노니 믿는 자는 영생을 가졌나니"(요한복음 6:47)라고 말씀하고 있습니다.

### ❖ 어머니의 약속

초등 학교 입학을 앞둔 어린 딸에게 어머니가 약속을 했습니다. "네가 초등학교에 입학하면 엄마가 피아노를 사주마." 어린 딸은 어머니의 약속을 믿고 그날을 손꼽아 기다렸습니다. 드디어 그날이 되어 학교에 입학을 하게 되었습니다. 어린 딸은 내일 아침 피아노를 사러 간다는 부푼 꿈을 안고 잠자리에 들었습니다. 깊은 밤 꿈속에서도 피아노 꿈을 꾸었습니다. 그런데 그날 밤 천둥 번개로 새벽녘에 잠에서 깬 어린 딸은 무섭고 두려웠습니다. 피아노 생각을 하며 무서움을 달래 보려고 했지만 무서움은 가시지 않았습니다. 그런데 갑자기 이런 생각을 하게 되었습니다. "아침에 어머니가 피아노를 사주실까?" 어린 딸의 감정과 느낌이 환경 때문에 바뀐 것입니다. 우리도 신앙 생활하면서 느낌과 감정이 환경에 따라 바뀔 때가 많습니다. 그러나 우리의 구원은 우리의 감정과 느낌에 따라 변하는 것이 아니라 하나님의 약속하신 말씀에 근거한 것입니다. 별다른 느낌과 감정이 없어도 안심하십시오. 성경은 "너희가 성경에서 영생을 얻는 줄 생각하고 성경을 상고(詳考)하거니와 이 성경이 곧 내게 대하여 증거하는 것이로다"(요한복음 5:39)라고 말씀합니다.

# 제 6 장

## 양육시 제기되는 질문들

## 기른 정(情) 낳은 정(情)

　우리 옛말에 기른 정(情)이 낳은 정(情)보다 더 깊다는 말이 있습니다. 그렇습니다. 한 사람을 기도로 잉태하여 복음으로 생명을 출산하는 일(고린도전서 4:15)이 어려운 일이지만 양육은 일평생 해야할 일입니다. 사도 바울은 해산의 수고를 통해 복음으로 생명을 낳고 다시 양육을 위해 해산의 수고(갈라디아서 4:19)를 한다고 고백하고 있습니다. 양육은 해산의 수고보다 더 어렵습니다. 그래서 진정한 양육은 해산의 수고를 체험한 어미(母)만이할 수 있다는 말이 있습니다. 교회에 후속 양육 조건이 갖추어지지 않은 채 사람들이 몰려온다면 심각한 문제가 발생하게 될 것입니다. 그것은 유모 없이 어린 신생아만 데려오는 것과 같습니다. 신생아 때 잘 자라지 못하면 평생을 혼자서 걷지 못하는 영적인 기형아가 될 수 있습니다. 후속 양육(養育)의 반대는 후속 사육(死育)입니다. 교회의 영적인 환경과 따뜻함이 열매를 맺게 하는 것입니다. 진정한 전도의 결실은 양육에 있습니다.

## 59.

## 성경을 읽으면 따분하고 졸려서 못 읽겠습니다

### ✥ 소설가와 한 여인의 만남

이런 일화가 있습니다. 결혼을 앞둔 미혼의 여인이 친구로부터 책을 한 권 선물 받았습니다. 책의 저자는 Mr. Wood라는 사람이었습니다. 그런데 책이 지루하고 영 재미없어 조금 읽다가 던져버렸습니다. 어느 날 모임에 갔다가 멋진 남자를 만나게 되었는데 첫눈에 반하게 되었습니다. 그 만찬의 연회 장소에서 서로 인사를 하게 되었는데 그 남자의 이름은 공교롭게도 Mr. Wood였습니다. 이 여인은 "내가 요즘 읽고 있는 책의 저자가 Mr. Wood라는 사람인데 이름이 똑같습니다" 그러자 이 멋진 남자는 "바로 내가 그 책의 저자입니다"라는 말을 하는 것이었습니다. 이 여인은 다시 돌아와서 던져버린 책을 찾아 읽기 시작했습니다. 이 책이 얼마나 재미있고 흥미있던지 단숨에 읽어버렸습니다. 이 여인은 후에 Mr. Wood라는 Family name을 갖게 되었답니다.[28] 우리도 예수 그리스도를 인격(人格)적으로 만날 때 성경이 그토록 재미있고 달콤해질 수 있다는 것입니다. 성경은 "내가 주의 법을 어찌 그리 사랑하는지요. 내가 그것을 종일 묵상하나이다. 주의 말씀의 맛이 내게 어찌 그리 단지요. 내 입에 꿀보다 더하니이다"(시편 119:97,103)라고 말씀하고 있습니다.

## 60.

### 교회 참석하여 설교만 들으면 되지
### 내가 굳이 성경을 읽을 필요가 있습니까?

### ✢ 성장하는 하나님의 자녀

어머니께서 백화점에서 어린 자녀의 예쁜 옷을 사다주셨는데 얼마 입지 못해 금방 키가 자라서 그 옷을 입지 못하게 되었습니다. 옷을 새로 사야하는 부담이 있다고 어린 자녀의 성장을 제한시키는 부모는 없을 것입니다. 하나님은 우리의 믿음이 날마다 성장하고 성숙하기를 바라고 계십니다. 성경 말씀은 당신의 믿음의 성장을 도와주는 영의 양식입니다. 성경은 "때가 오래므로 너희가 마땅히 선생이 될 터인데 너희가 다시 하나님의 말씀의 초보가 무엇인지 누구에게 가르침을 받아야할 것이니 젖이나 먹고 단단한 식물을 못 먹을 자가 되었도다"(히브리서 5:12)라고 말씀합니다.

## 61.

### 성경을 읽는다고 해서
### 내가 얼마만큼 변화되겠습니까?

### ✥ 깡패였던 김익두

　하나님의 말씀인 성경은 깡패를 순한 양으로 바꾸어 놓기도 합니다. 우리 나라 교회에서 최초로 목사가 된 일곱 명 중에 장안에 소문난 깡패가 있었습니다. 그 사람이 바로 김익두라는 목사입니다. 하루는 어떤 교회에 하나님의 말씀을 전하기 위해 높은 고갯길을 넘고 있었습니다. 힘들여 꼭대기에 도착한 그는 너무 더워서 상의를 벗고 시원한 바람에 잠시 땀을 식히며 쉬고 있는데, 맞은 편에서 웬 술 취한 사람이 올라오더니 다짜고짜 시비를 걸며 "넌 왜 나보다 먼저 올라왔느냐?"고 마구 때렸습니다. 아무런 저항도 하지 않고 이리 치고 저리 치는 대로 그냥 맞다가, 술 취한 사람이 때리는 것을 멈추자 김익두 목사가 입을 열었습니다.

"형님, 다 때렸소?"

"그래, 다 때렸다. 왜?"

그러자 김익두 목사가 정색을 하며 말했습니다.

"예수는 내가 믿고 복은 자네가 받았네"

그 사람이 무슨 뜻인지 이해가 안 되어 어리둥절해 하자, 김익두 목사가 자신이 누구인지를 밝혔습니다.

"내가 바로 김익두일세"

그 사람은 '이제 나는 죽었다' 싶어 싹싹 빌며 어쩔 줄을 몰라 했습니다. "만약 내가 예수 믿기 전에 이런 일을 당했다면, 아마 여기서 자네 초상이 났을 텐데, 예수는 내가 믿고 복은 자네가 받았구면. 내가 예수 믿은 덕에 자네가 살게 된 줄이나 알게"

"그, 그러면, 제가 어떻게 하면 되겠습니까?"

"어떡하긴 뭘 어떡해? 날 따라 와야지"

김익두 목사는 자신이 말씀을 전하러 간 교회의 예배에 그 사람을 데리고 갔습니다. 그날 김익두 목사의 설교를 들은 이 사람도 변화되어 새 사람이 되었답니다."

## ❖ 아브라함 링컨

미국의 16대 대통령 아브라함 링컨(Abraham Lincoln)은 어머니가 임종할 때, 자신이 일생 동안 사용했던 낡은 성경을 물려주면서 "난 너에게 이 성경을 주는 것이 수만 평의 땅을 물려주는 것보다 더 낫다고 생각한다. 꼭 성경 말씀대로 살아가거라"는 유언을 들었습니다.

　이미 잘 알려진 바대로 링컨은 말씀을 의지해서 어린 시절의 가난과 역경을 잘 극복했고, 또 젊은 시절의 수많은 실패도 딛고 일어섰습니다. 그는 노예 제도가 성경의 가르침에 위배된다는 것을 깨닫고, 많은 사람들이 반대하는데도 불구하고 성경을 통해 노예 해방을 해야겠다는 신념과 용기를 얻었습니다. 남북 전쟁이 시작되기 바로 전, 어떤 사람이 찾아와서 "하나님께서 우리(북군)편이 되어 주시도록 기도합시다"라고 말했을 때도 그는 "아닙니다. 우리가 진리의 편에 서게 해달라고 기도해야겠지요"라고 말했습니다. 그는 성경의 원리대로 정치를 하여 지구상의 많은 사람들에게 존경받는 인물이 되었습니다.[30]

## 62.

하나님께서 말씀을 책으로 기록해 주시지 말고
귀로 들을 수 있도록 해주셨더라면, 더 많은 사람들이
하나님을 믿지 않겠습니까?

### ❖ 성경을 문자로 기록하신 이유

말 전하기 놀이를 아십니까? 저는 초등 학생이나 중고등 학생 뿐만 아니라 대학생과 어른들과도 말 전하기 놀이를 해보았습니다. 먼저 사람들을 두 편으로 나눈 후 길게 두 줄로 서게 합니다. 그 다음에 종이에 짧은 문장을 써서 가장 앞에 서 있는 두 사람에게 보여 줍니다. 그 사람들은 각각 자기 뒤의 사람에게 귓속말로 종이에 적힌 내용을 말해 줍니다. 다른 사람에게 들리지 않도록 살짝 말해야 합니다. 이런 방법으로 사람들은 앞사람이 전해 준 말을 종이에 써서 사회자에게 제출합니다. 그 문장과 처음에 사회자가 준 문장을 비교하여 더 정확하게 전달한 팀이 이기게 됩니다. 불과 열 명 정도의 사람이 열 단어 내외의 말을 전하는데도 정확하게 전하지 못해서, 어떤 경우에는 전혀 엉뚱한 내용을 적어 내기도 하고 심지어는 반대되는 내용을 적어 내기도 합니다. 만일 하나님께서 말씀을 문자로 주시지 않았다면, 우리는 하나님의 말씀을 그대로 기억하지도 못할 뿐만 아니라 다른 사람에게 전해 줄 때도 변질시켜 전하기 쉬우므로 나중에는 큰 혼란이 일어날 것입니다. 그러나 오늘날에는 하나님의 말씀이 문서로 기록되어 있기 때문에 아무 때나 어디서나 누구든지 하나님의 말씀을 보고 들을 수 있습니다. 문자로 기록된 성경이 있다는 것은 우리에게 큰 축복입니다."

## 63.

### 도대체 성경이 쓰여진 목적이 무엇입니까?

하나님께서 사람들에게 자신의 존재와 자신의 뜻을 알리기 위해 성경을 주셨는데, 안타깝게도 사람들은 성경을 읽지도 않고 하나님이 없다고 말하는 어리석음을 쉽게 범합니다. 그것이 얼마나 어리석은 행동인지 성경이 하나님의 약속있는 편지라는 설명을 하면서 다음과 같은 예화를 들려줄 수 있습니다.

### ❖ 하나님의 편지를 버린 사람들

어느 고아원에 열살 정도 된 아이가 있었습니다. 이 아이는 아주 어렸을 때 고아원에 들어왔기 때문에, 원장이 가르쳐 준 아버지의 이름만 기억하고 있었습니다. 그런데 어느 날, 이 아이에게 한 통의 편지가 왔습니다. 이 아이의 아버지에게서 온 편지였습니다. 편지에는 이런 내용이 적혀 있었습니다.

고아원에 있는 이 아이는 지금까지 아버지가 돌아가신 줄로만 알고 있었습니다. 그러나 이젠 아버지가 살아 있다는 것을 확신하게 되었습니다. 무엇을 보고 그것을 믿게 되었습니까? 그렇습니다. 아

사랑하는 내 아들아,

그 동안 얼마나 고생이 많았니?

아빠는 네가 아주 어렸을 때 돈을 벌어 오려고 배를 타고 외국으로 나가다가 그만 폭풍을 만나 배가 파선되었단다. 부서진 배 안에서 나온 나무 조각 하나를 필사적으로 붙잡고 표류하다 잠이 들었는데, 나중에 깨어 보니 무인도였단다. 몇 년 동안 날고기와 풀과 나뭇잎을 뜯어먹으며 고생을 하다가 어느 날 아침, 마침 근처에 지나가는 배가 있어서 구조 요청을 해 살아났단다. 지금은 미국에 와 있는데, 여러 가지 방법을 동원해서 네가 있는 곳을 알아내어 이렇게 편지를 쓰는 거란다. 조금만 더 기다려 주렴. 이제 곧 아빠가 선물을 사 가지고 너에게 갈게. 고생스럽더라도 다른 데로 가지 말고, 원장님 말씀 잘 듣고 고아원에서 기다리고 있어라. 보고 싶구나, 내 아들아. 얼마나 많이 컸을까? 조금만 참고 기다려라.

만날 그 날을 손꼽아 기다리며,

2000년 1월 1일

아빠가

버지가 보낸 편지야말로 아버지가 살아 있다는 확실한 증거입니다. 편지를 읽어보면, 아버지가 살아 있다는 것뿐만 아니라 왜 자기가 고아원에 있게 되었는지 어떻게 하면 아버지를 만날 수 있는지 아버지가 자기를 얼마나 사랑하고 있는지도 알 수 있습니다. 그런데 만일 이 아이가 편지 내용은 읽어보지도 않고 겉봉투만 본 후, "우리 아빠는 죽었어!"하고 편지를 찢어서 쓰레기통에 버렸다고 가정합시다. 그러면 어떻게 되겠습니까? 이 아이는 살아 있는 자기 아버지를 죽었다고 생각하고 소망없이 살아갈 것입니다. 어쩌면 이 아이가 아버지를 기다리지 않고 고아원을 나가는 바람에 아버지를 못 만날 수도 있습니다. 마찬가지입니다. 하나님께서 보내 주신 편지야말로 하나님께서 살아 계시다는 완벽한 증거입니다. 게다가 그 편지 안에는 왜 인간이 하나님과 헤어져 하나님과 원수가 되었는지, 어떻게 하면 하나님과 화목해져서 다시 하나님의 자녀가 되어 천국에 갈 수 있는지, 하나님이 나를 얼마나 사랑하시는지 등의 내용이 잘 기록되어 있습니다. 자기 아버지에게 온 편지를 읽어보지도 않고 "아버지는 없다(죽었다)"고 말한 아이처럼, 많은 사람들이 하나님의 편지인 성경을 읽어보지도 않고 "하나님은 없다"느니 "하나님은 죽었다"느니 하는 어리석음을 범하고 있습니다. 성경을 읽지도 않고 "하나님은 없다"고 말한 사람과, 편지를 읽지도 않고 "아버지는 없다"고 말한 아이가 어리석은 면에서 다를 바가 무엇이겠습니까?[32]

## 64.

### 어떻게 기도할 수 있습니까?

믿음의 성장의 요소 가운데 중요한 것 중 하나는 기도입니다. 기도는 영적인 호흡이며 하나님과 대화하는 것입니다.

다음 기도하는 손 예화는 기도의 뼈대를 가르쳐 줍니다.

### ✥ 기도하는 손

엄지(경배의 기도) - 하나님 아버지! 하나님을 높여드리는 경배의 기도를 드리십시오.(시편 95:6)

검지(감사의 기도) - 하나님께서 베풀어주신 은혜에 감사하는 기도를 드리십시오.(시편 106:1)

장지(회개의 기도) - 예수 그리스도의 용서를 믿으며 회개의 기도를 드리십시오.(요한일서 1:9)

약지(간구의 기도) - 간구의 기도는 마음의 소원을 하나님께 아뢰는 것입니다. 하늘의 보고(寶庫)를 여는 기도를 드리십시오. (요한복음 15:7)

애지(약속하신 기도의 대상) - 예수 그리스도의 이름으로 기도를 드리십시오.(요한복음 14:14)

  위 순서에 따라 살을 붙여 기도하십시오. 개인 기도는 구체적으로 기도하시고 대표 기도는 짧고 명료하게 합심 기도는 간절하게 기도하십시오.

## 65.

### 예배 시간에 헌금 내는 것이 부담스러워 교회 나가기가 어렵습니다.

헌금에 대한 바른 성경의 가르침을 주저 말고 가르쳐 주십시오. 또한 전도자의 개인적인 물질에 대한 체험을 간증하는 것도 지혜입니다.

### ✣ 성경의 가르침

성경은 "이것이 곧 적게 심는 자는 적게 거두고 많이 심는 자는 많이 거둔다 하는 말이로다. 각각 그 마음에 정한 대로 할 것이요, 인색함으로나 억지로 하지 말찌니 하나님은 즐겨 내는 자를 사랑하시느니라"(고린도후서 9:6,7), "나는 인애를 원하고 제사를 원치 아니하며 번제보다 하나님을 아는 것을 원하노라"(호세아 6:6)고 말씀합니다.

## 66.

## 휴일은 건강을 위해 쉬어야 하고 운동을 해야하기 때문에 교회 가기가 어렵습니다

　예수 그리스도를 영접했으나 주일예배 참석을 꺼려하는 사람들에게 주는 말씀입니다.

　성경은 "여호와께서 집을 세우지 아니하시면 세우는 자의 수고가 헛되며 여호와께서 성을 지키지 아니하시면 파수꾼의 경성함이 허사로다"(시편 127:1)라고 말씀합니다. 육체의 휴식도 필요하지만 영혼의 안식과 양식은 육체의 활동을 지배합니다.

### ✥ 경호실장

　대통령을 경호하는 경호실장은 최고의 통치자인 대통령의 경호를 책임진 사람입니다. 그의 책임과 권한은 대단합니다. 그는 대통령의 스케줄에 따라 삶을 계획합니다. 어느 날 경호실장은 가족과 함께 아주 오랜 만에 중요한 만남을 계획했습니다. 그런데 가족과 약속한 그 날 국가 원수인 대통령께 갑자기 예정에 없던 일이 생긴 것입니다. 경호실장은 자기 계획이 있었지만 이 일에 대해 고민할 여부가 없이 자기 계획을 기꺼이 포기할 것입니다. 그렇습니다. 우리는 최고의 권한을 가졌지만 최고의 통치자인 만왕의 왕 되신 하나님을 경배하고 그분을 섬기는 일에 우선권을 두는 것은 당연한 것입니다.

## 67.

## 하루하루 먹고살기 바빠서
## 교회 예배 참석은 어렵습니다

이런 경우 개인적인 체험이나 우선권을 하나님께 두고 신실하게 살아가는 믿음의 형제들의 간증을 하십시오.

**공　감** 옳으신 말씀입니다. 우리에게 주신 바쁜 삶이 펼쳐져 있는데 갑자기 신앙 생활을 한다는 것이 부담스러운 일이지요. 그러나 선생님 이것은 우선 순위의 문제라고 생각합니다. 선생님께서 동창회나 친목회에 참석하느라고 아버님 생신 날 빠져서는 안되겠지요? 삶이란 항상 우선 순위에 의해 결정되는 법이지요.

### ✤ 불광동 장로님 일화

6. 25 때 온 가족이 월남하여 불광동 난민촌에 살고 계시던 믿음

좋은 장로님이 계셨습니다. 장로님은 달동네에서 작은 구멍가게로 생계를 유지하며 교회 생활을 열심히 하셨습니다. 그러나 주변에 많은 사람들로부터 조롱과 손가락질을 받았습니다. 하지만 장로님은 주일이면 가게문을 닫고 언제나 아침 일찍 교회에 나아가 난로를 피우고 어린이들에게 성경 말씀을 가르쳤습니다. 이렇게 열심히 신앙 생활 하는 장로님께 또 고난이 찾아왔습니다. 화재로 인해 판자집이 불타버렸습니다. 그러자, 마을 사람들이 더욱 비웃기 시작했습니다. 그러나 장로님은 불타버린 집에서 쓸만한 가재 도구를 찾아내면서 하나님께 이렇게 감사했습니다. "하나님 감사합니다. 제가 잠잘 때 불나지 않고 교회 가서 집을 비운 사이 불이나 생명을 구해주셔서 감사합니다" 장로님께서 아궁이에 연결된 구들을 들어내는데 그 구들 밑에 불에 그을린 항아리 하나가 나왔습니다. 뚜껑을 열어보니 수많은 금(金)붙이로 가득 차 있었습니다. 장로님은 생각했습니다. 하나님께서 이 보화를 내게 주시려고 내가 교회간 사이 판자집을 태우시다니…." 장로님은 그곳에 아주 튼튼한 좋은 집을 지을 수 있었답니다. 성경은 "천국은 마치 밭에 감추인 보화와 같으니 사람이 이를 발견한 후 숨겨 두고 기뻐하여 돌아가서 자기의 소유를 다 팔아 그 밭을 샀느니라"(마태복음 13:44)고 말씀합니다.

(유머스럽게 좀 심한 말을 해도 괜찮은 대상자에게는 이렇게 처리할 수도 있습니다.)

먹고살기 바쁘셔서 신앙 생활 하시기가 어려우시다는 말씀이시지요. 제가 우리 속에서 사는 돼지를 가만히 보니까 돼지는 먹으면 자고, 자고 나면 먹고 하면서 아무런 부족함이 없어 보이더라구요. 하물며 만물의 영장인 사람이 먹고사는 문제 때문에 고민한다면 돼지보다 못한 인생이 되고 말 것입니다. 성경은 "내가 너희에게 이르노니 목숨을 위하여 무엇을 먹을까 무엇을 마실까 몸을 위하여 무엇을 입을까 염려하지 말라 목숨이 음식보다 중하지 아니하며 몸이 의복보다 중하지 아니하냐"(마태복음 6:25)라고 말씀합니다.

## 68.

### 시부모와 남편의 반대가 두려워 예배 참석이 어렵습니다

이런 경우 지혜롭게 이런 난관을 극복하고 자신과 시부모를 구원한 사례의 간증은 결단을 내리지 못하는 사람에게 큰 힘이 됩니다. 또한 단순히 성경의 권위로만 결단을 촉구할 수 있습니다.

### ✤ 신실한 약속

"자매님! 기독교 2000년 동안 복음은 생명보다 소중히 여겨지며 지켜져 왔습니다" 성경은 "무릇 그리스도 예수 안에서 경건하게 살고자 하는 자는 핍박을 받으리라."(디모데후서 3:12) 또한 "세상에서는 너희가 환난을 당하나 담대 하라. 내가 세상을 이기었노라"(요한복음 16 : 33)고 말씀합니다.

또한 성경은 "너희 속에 착한 일을 시작하신 이가 그리스도 예수의 날까지 이루실 줄을 우리가 확신하노라"(빌립보서 1:6)고 말씀합니다.

## 69.

### 저는 직업으로 소주방을 경영하고 있어
### 교회 나간다는 것이 불가능합니다.

**❖ 아가방**

한 믿음의 성도가 있었습니다. 새로운 사업을 구상하던 중 길목이 좋은 가게가 나왔습니다. 주변에 사업하는 친구들에게 자문을 구했더니 요즘 잘 나가는 소주방을 한번 해보라는 것이었습니다. 그러나 신앙 양심상 허락이 되지 않아 신실한 신앙인을 찾아가 의논을 했습니다. 그분께서는 어린이 용품인 아가방을 한번 경영해 보라는 것이었습니다. 마침 그 장소는 아가방이 들어설 수 있는 상권을 갖추고 있었습니다. 그는 후에 많은 물질을 얻는 축복을 얻게 되었습니다. 성경은 "네가 만일 하나님을 부지런히 구하며 전능하신 이에게 빌고 또 청결하고 정직하면 정녕 너를 돌아보시고 네 의로운 집으로 형통하게 하실 것이라 네 시작은 미약하였으나 네 나중은 심히 창대하리라"(욥기 8:5-7)고 말씀합니다.

## 70.

## 나는 내성적이라 사람들과 교제한다는 것이 부담스럽습니다

### ✜ 모닥불 이야기

모닥불을 피워 놓고 캠프파이어를 해본신 적이 있으시죠? 여러 개의 장작들이 함께 어우러져 불이 붙으면 정말 잘 탑니다. 그러나 잘 타는 장작을 하나 불 속에서 꺼내면 타던 장작이 이내 연기를 뿜어 내며 꺼지고 말지요. 그러나 물먹은 생나무를 잘 타는 모닥불에 넣어 놓으면 함께 어우러져 타는 것처럼 우리의 신앙도 마찬가지입니다.

(전도 대상자가 교제할 수 있는 교회 교제권을 소개하십시오. 그리고 교회 등록 이후 그와 삶이 비슷한 성도 세 분 이상을 소개하여 관계 형성을 갖게 하는 것이 중요합니다.)

**71.**

## 교회 다니는 사람은 자기 주관도 없고 자신의 개성도 없는 획일적인 모양이 싫습니다

### ✥ 과일 사라다

 교회는 각각 다른 사람이 예수 그리스도의 사랑 안에서 한 가족을 이룬 믿음의 공동체입니다. 가정 주부가 과일 사라다를 만들 때 다양한 재료를 썰어 넣고 마요네즈를 넣어 흔들면 같은 색깔을 냅니다. 그러나 하나씩 맛을 보면 제각기 맛을 내는 것처럼 다양한 사람들이 모여 하나를 이룰 때 그리스도의 몸인 교회가 온전하여지는 것입니다.

## 72.

# 나는 일방적으로 전도하는 사람이 보기 싫습니다

### ❖ 성수대교

기독교의 복음은 2000년 동안 입에서 입으로 전달되어 우리가 듣게 된 것입니다. 이 복음을 전하기 위해 고난받은 믿음의 선배들이 있었습니다. 그들은 이 복음을 믿다가 죽기도 하였고 이 복음을 전하다가 핍박받아 순교하기도 했습니다. 맞습니다! 선생님 말씀대로 복음의 전달 방법에 대해서 문제가 있다고 생각합니다. 그런데 선생님 한편으로는 이렇게 생각해 볼 수도 있지 않겠습니까? 성수대교가 무너졌을 때 앞에 가던 운전자가 먼저 목격하고는 뒤에 달려오는 운전자를 향하여 일방적으로 막아서면서 이 사실을 알리지 않겠습니까?

### ❖ 삼풍백화점

몇 해 전 고위 관직에서 정년 퇴임을 하신 분이 계셨습니다. 믿음이 좋은 며느리는 시아버지를 전도하여 교회로 인도하고 등록시켰습니다. 그 다음 주간 교회에서 심방을 하겠다는 연락이 왔습니다.

그런데 공교롭게도 그날이 시아버지께서 몇 년 만에 흩어져 살고 있던 자녀들과 함께 외식(外食)하기로 약속한 날이었습니다. 양보할 수 없는 계획을 이 어르신은 포기하고 목사님을 맞이했습니다. 마음이 좀 불편하기는 했지만 평소 사랑하는 며느리의 간곡한 부탁이었기 때문에 목사님의 방문을 허락한 것입니다. 목사님이 오셔서 복음을 전하던 중 그때 삼풍 백화점이 무너졌다는 뉴스 속보가 들려 왔습니다. 이 어르신은 목사님의 손을 붙들고 진심으로 감사하였답니다. 왜냐하면 그 시간 온 가족이 삼풍 백화점에서 식사를 약속했었기 때문입니다.

(이 이야기는 개인의 주관적인 체험이지만 우리에게 중요한 교훈을 주는 이야기입니다.)

- 씨 속에 있는 사과는 셀 수 없습니다.

## 73.

## 예수 믿지 않고 세상 떠난 우리 할아버지, 할머니는 어떻게 되는 겁니까?

이런 문제는 다루지 않고 피하는 것이 가장 좋습니다. 대화의 주제를 상대방의 문제로 바꾸십시오. "예, 아주 중요한 질문을 해주셨는데요, 그분들의 문제는 잠깐 뒤에 생각하도록 하시고 우선 살아 계신 분들에 대한 가족들의 전도가 시급하지 않겠습니까? 선생님께서는 이 기쁜 소식을 가장 먼저 들려주고 싶은 사람이 누구세요?"

### ❖ 전도의 중요성

세계 제2차 대전 때입니다. 나치의 한 연구소에서 사람의 몸을 원소별로 완전히 분류해 보았습니다. 그런데 몇 장의 세탁비누를 만들 수 있는 지방이 나왔습니다. 그리고 못을 몇 개 만들 수 있는 철이 나왔습니다. 이런 식으로 쭉 분류를 해서 시장 가격으로 환산해 보니 약 0.9불, 소고기나 돼지고기의 한 근 값도 채 못되는 것이었습니다. 그래서는 별반 이용 가치가 없다고 생각을 하고서는 유대인들의 시체 전부를 내다 버리고 말았습니다. 그런데 최근에 들어서 사람의 고기 값이 엄청나게 많이 올랐습니다. 미국의 예일 대학의 한 생물 학자가 좀 색다르게 계산을 했던 것입니다. 그는 인체 내에 있는 단백질, 아미노산, 효소, 호르몬 등 생화학의 원료가 되는 것들을 대충 계산을 해보았습니다. 그 결과 인체 내에 있는 이러한 것들이 대략 600만불에 해당되는 것으로 판명이 되었습니다. 그리고 더욱 놀라운 것은 이 원료들을 합쳐서 인체의 세포로 만드는 그 복잡한 과정에는 6천만불이라는 엄청난 돈이 들어야 가능하다는 것입니다. 게다가 이 세포들을 합성해서 살아 있는 인간으로 조립하려면 이 세상에 있는 돈을 다 써도 모자란다는 결론을 내렸습니다. 무슨 뜻입니까? 한 마디로 우리 인간은 값으로 따질 수 없는 참으로 귀한 존재라는 것입니다. 그래서 우리 예수님도 말씀하셨습니다. "사람이 만일 온 천하를 얻고도 제 목숨을 잃으면 무엇이 유익하리요"(마가복음 8:36) 이런 맥락에서 볼 때 죄인 한 사람이 회개하고 주님 앞으로 돌아오면 저 하늘의 천군 천사들이 기뻐한다는 말씀이 충분히 이해가 갑니다. 오늘도 우리 주변에 있는 자들에게 복음 전하는 일에 힘을 쓰도록 합시다. 성경은 "너는 말씀을 전파하라. 때를 얻든지 못 얻든지 항상 힘쓰라"(디모데후서 4 : 2)고 말씀합니다.

# 제 7 장

## 타종교와 이단 종파

# 타종교와 이단 종파를 연구함에 있어서
# 전도자의 자세

　타종교와 이단을 연구하는 전도자의 자세는 먼저 다른 신앙으로부터 신앙의 자세에 대하여 배울 것이 있는지 알아보는 배움의 자세가 중요합니다. 타종교나 이단 종파에 관하여 극단적인 판단을 하는 것은 매우 위험한 일입니다. 그들을 비판하고 해치려고 연구해서는 안될 것입니다. 그들과 차이점과 불일치되는 점을 찾아 진리의 말씀을 바르게 전하려는 데 초점을 맞추어야 합니다. 우리는 나와 생각이 다르다고 해서 그들을 비판해서는 안됩니다. 우리의 목표는 기독교와 타종교, 이단 종파를 상호 비교함으로써 기독교의 복음을 더 잘 이해하고 바른 믿음을 갖고 효과적으로 복음을 전하려는 데 있습니다. 또한 전도 대상자들을 보다 이해하고 그들에게 효과적으로 복음을 전하기 위함입니다.

# 정통 기독교의 신앙 신조

　정통 기독교라함은 교회가 시작한 이래 기독교 2000년 동안 복음의 명맥을 이어온 사도신경과 성경이 정확 무오한 하나님의 말씀으로 믿고 받아들이는 것을 말합니다. "정통"이란 단어는 두 가지 희랍어에서 온 것인데, 그 원래 뜻은 "옳은 믿음"이란 뜻을 지니고 있습니다. 이런 기초적인 믿음은 바로 하나님의 말씀은 66권의 성경에서 가르치고 있는 것으로서 아래와 같습니다.[3]

　첫째, 성경은 영감으로 쓰여진 하나님의 말씀으로 성경의 권위를 정경으로 받아들이며 믿는다.

　둘째, 성육신 사건을 의심없이 받아들이며 예수 그리스도께서 십자가에서 죽으심으로 인류의 죄를 대속하셨음을 믿는다.

　셋째, 예언대로 사흘 만에 부활하셔서 사망 권세를 이기시고 부활 하신 부활 신앙을 믿고 받아들인다.

　타종교나 그 어떤 이단 종파도 이러한 점에서 정통 기독교와 일치하는 것은 하나도 없습니다.

# 이단이란

 이단(異端)은 한자 표기로 많은 내용이 비슷하지만 핵심적인 부분이 다르다는 것입니다. 또한 이단이란 "보편적으로 인정받고 있는 원리에 대항하고 분열과 분쟁을 야기하는 성향이 있는 의견"이라고 웹스터 사전에서 이단을 정의*하고 있습니다.
 이단과 이교에 대하여 알기 쉽게 설명해 본다면 다음과 같이 말할 수 있을 것입니다.

**이　교**　기독교가 아닌 다른 종교를 의미합니다. 즉 신앙의 대상이나 경전 그리고 기본적인 교리나 의식이 기독교와는 전혀 다른 종교를 말하는 바 불교, 마호메트교(회교), 유교, 힌두교 등 기타의 모든 종교들을 들 수 있습니다.

**이　단**　기독교의 탈을 쓴 사이비 기독교를 말합니다. 그 신앙의 대상이나 성경이나 교리와 의식 등이 기독교와 유사하여 언뜻 보면 기독교의 일파인 듯하나, 실상 그 정체를 알고 보면, 기독교가 아닌 다른 종교인 경우를 말합니다.

**이교와 이단의 차이점** 이교나 이단이나 기독교와 다르다는 점은 마찬가지입니다. 그러나 이교는 아예 처음부터 타종교로 자처하는 반면, 이단들은 자기들이 진짜 기독교라고 주장하거나, 기독교의 일부분이라고 주장하는 점이 이교와 다릅니다.

 따라서 어떤 종교가 그 교리나 의식이 기독교와 다르다면, 그것은 이교(즉 타종교)입니다. 그러나 기독교와 다르면서도 자기들이 기독교라고 주장한다면, 그것은 곧 이단입니다.[35]

## 74.

## 기독교와 타종교의 차이

### ✤ 기독교와 타종교가 다른 네 가지 사항

첫째, 어떤 종교의 창시자도 자신을 신이라고 주장한 적이 없습니다. 석가모니는 한번도 자신을 신이라고 한 적이 없습니다. 사실, 그는 불가지론자였습니다. 마호메트 역시 신(神)이라고 주장한 적이 없을 뿐 아니라 자신은 단지 "알라"라는 신의 예언자라고 했습니다. 누가 그에게 "당신은 신"이라고 말했다면 그는 펄쩍 뛰었을 것입니다. 공자는 제자 중 한 사람이 죽음 이후에 대해 물어 왔을 때 그는 이렇게 답했다고 합니다. "내가 아침에 도(道)를 들어 그것을 저녁까지 깨달으면 원이 없노라. 내가 하루동안 일어나는 일도 모르거늘 죽음 너머 저편의 일을 내가 어찌 알리요" 이것이 공자의 대답이었습니다. 공자님과 부처님과 마호메트는 이 세상에서 살아가는 동안 어떻게 살 것인지에 대해서만 말했을 뿐이었습니다.

둘째, 마호메트, 부처, 공자 어느 누구도 인간의 죄의 문제에 대해 아무런 해결책도 제시하지 못했지만 오직 예수님만이 해결책으로 인간의 죄를 위해 죽으셨습니다.

셋째, 그들 중 어느 누구도 죽음에서 부활하지 못했고, 그들의 추종자들도 그들이 살아났다는 주장을 해본 적이 없습니다. 마호메트의 몸의 각 부분은 안타깝게도 지중해 각 지방에 조각조각 흩어져 있습니다. 그러나 그는 결코 그의 조각난 몸을 다시 모아 살아날 수 없었습니다. 그러나 예수께서는 죽음을 이기고 살아나셨습니다. 그는 로마 문명의 세계에서 죽었고 부활했으며 많은 사람들이 그의 부활을 목격했습니다.

넷째, 예수 그리스도는 다른 종교의 창시자들과 본성적으로 다르다는 점입니다. 당신은 혹시 나폴레옹이 유배당하여 세인트헬레나 섬에서 오랜 시간 머물러 있는 동안 성경을 공부하면서 그때 그가 말한 것을 읽어 보셨는지 모르겠군요. 나폴레옹은 말하기를 "혹 성경을 겉으로 훑어보기만 한 사람은 그리스도와 다른 종교의 창시자 사이의 유사점을 보았다고 말할지 모르지만 사실상 그런 유사점은 결코 존재하지 않습니다. 그리스도와 다른 창시자들의 차이점은 무한한 것이다" 이것은 놀라운 발견이고 사실입니다. 예수 그리스도는 무한하신 참 하나님이신 동시에 참 인간이십니다.[36]

75.

## 불교에 대한 상식

불교는 지금부터 약 2600년 전 B. C 623년 4월 8일 북부 인도 카빌라국 시수서한에서 정반왕과 마야부인 사이에서 태어난 태자 "석가모니"로부터 시작된 종교입니다. 석가모니는 B.C 544년 80세 되던 해 음력 2월 15일 쿠시나갈의 사리 쌍수 밑에서 마지막 열반경을 설파하고 열반에 들었고 우리 한국에 불교전래는 고구려 소수림왕 때 서기372년 천진왕 부견인 순도가 들여왔다고 합니다.[37]

**불교의 속죄관**  불교에서는 죄를 지으면 자신이 죄 지은 대가보다 몇 갑절 받아야 하며 지·수·화·풍의 물질로 태어나 인생이 인연에 따라 인과응보를 받아야 하고 인간은 108번뇌를 끊어야 하며 고행과 참선을 통해 끊임없는 속죄를 해야 한다고 가르치고 있습니다.[38]

**불교의 신(神)관**  불교에서는 인간이란 인간 안에도 인간 밖에도 어떤 절대자나 신적 존재를 인정하지 않습니다. 불교는 신을 인정하는 종교가 아니라 신을 넘어서 자기에게 귀의하여 참을 깨닫는 자각 운동이라고할 수 있습니다. 불교에서는 신(神)이나 어떤 절대적 존재에 의존하지 않고 자기 문제를 자기가 풀어가면서 존재의 참다운 모습을 스스로 깨우쳐 가는 종교입니다[39]

**불교의 그리스도관**  불교에서는 그리스도를 훌륭한 선생이지만 부처보다 더 중요한 인물은 아니라고 합니다.

**불교의 교리관**  불교는 피안의 종교라고 하는데 석가모니는 생로병사의 문제를 해결하려고 노력하다가 선각 왕의 딸 야소다라와 17세 때 결혼하여 아들 "라홀"을 19세에 낳고 10년을 같이 살다가 29세 때에 사랑하는 아내인 야소다라를 불러놓고 인연이 끝났다고 하여 이혼을 하고 최초의 비구승이 되게 하였고 아들은 자신의 정한 뜻에 장애(障碍)가 된다하여 피안을 하게 하고 자신도 유아독존이라 생로병사를 벗어나려고 설산에 가서 보리수나무 밑에서 속세를 떠나 피안을 하였다고 합니다.

**불교의 구원관**  불교는 행함의 종교이기 때문에 고행을 통한 깨달음의 종교입니다. 인간의 발전을 방해하는 것을 죄로 보고 각 개인이 자기 죄에 대한 책임을 져야 합니다

**불교의 죽음관**  불교는 인간의 죽음에 대해서 두 가지로 말하고 있는데 첫째, 안락사라는 것이 있습니다. 안락사는 나이 많아 저절

로 죽는 것이 아니고 남에게 피해를 준다고 스스로 생각되면 다른 사람의 유익을 위해 죽음을 선택하는 것입니다. 둘째는 열반인데, 열반이란 나이 많아 저절로 늙어서 죽는 것을 말합니다. 불교의 창시자 석가모니는 죽은 아들을 안고 와서 살려 달라고 애원하는 "코타미"여인에게 아이를 내려놓고 마을로 내려가 삼사대까지 집안에 죽은 자 없는 집에 가서 볍씨를 가져오라고 했습니다. 그러나 이 여인은 삼사대가 죽음을 보지 않고 다 살아 있는 집을 찾지 못했다고 합니다. 석가모니는 죽음이란 그녀에게만 찾아오는 것이 아니라 모든 자에게 찾아옴을 깨닫게 해주면서 그녀에게 말하기를 "사람이 죽고 사는 것이 하늘의 이치거늘 난들 어찌하리요" 이렇게 말했다고 기록하고 있습니다. 그러나 예수님은 죽은 야이로의 딸을 살리셨고, 죽어 장사한 지 사흘이나 지난 나사로를 살리셨습니다. 그리고 예수님은 "나는 부활이요 생명이니 나를 믿는 자는 죽어도 살겠고 무릇 살아서 믿는 자는 영원히 죽지 아니하리라"고 말씀하셨습니다.

**불교의 진리관** 불교는 무유정법(無有正法)이라고 정해진 법이 없음을 말하고 있습니다.

**불교의 창조관** 불교에서는 만물은 저절로 생겨나서 머물다가 변이하여 소멸되는 것이며 우주는 이루어져 상주하다가 무너져서 다시 공(空)으로 돌아간다고 합니다. 이처럼 불교는 절대적인 창조주가 있을 수 없다고 믿고 있습니다.[40]

**십 년 공부 도로아미타불의 뜻**  옛날 시주하는 중이 되려면 속세를 떠나 절에 들어가서 9년 과정의 훈련을 필해야 했다고 합니다. 불목 3년(나무하기 3년), 채봉 3년(반찬만들기 3년), 고양주 3년(밥짓기 3년), 이 과정 동안은 부모가 돌아가셔도 나올 수 없었습니다. 이 9년의 과정을 마치지 못하고 7-8년 째에 뛰쳐나오게 되면 그것을 가르쳐 십년 공부 도로아미타불이라고 한답니다.

**삼우제(三虞祭)**  상례(喪禮) 절차 중 하나이며 죽은 사람의 시신을 매장한 뒤 그 묘지를 살펴보고 그 영혼이 방황하지 못하도록 편안하게 하는 제사입니다.

**사십구재(四十九齋)**  불교에서 사람이 죽은 후 49일 동안 올리는 제사입니다. 사람이 죽은 날로부터 매 7일 째마다 7회에 걸쳐서 행해지는데, 이것은 사람이 죽은 후 49일 동안은 중유(中有), 중음(中陰)이라 부르며, 죽은 뒤에 다음 생(生)을 받을 때까지 기간을 말합니다. 불교의 업설에 근거한 내세관에 의하면, 살아 생전에 지극한 악업(惡業)을 지은 사람은 사후에 곧 다음 생을 받는다고 합니다. 그러나 선업과 악업의 중간에 해당하는 업을 지은 보통의 인간은 이 중음에 머물러 있으면서 다음의 과보(果報)가 정해진다고 합니다.

이와 같이 이 기간 동안에 다음 생(生)을 받을 연(緣)이 정해지므로, 죽은 사람이 좋은 생을 받기를 바라는 뜻에서 살아 있는 사람들이 49일 동안 기원해 주는 것입니다. 7일마다 경을 읽고 부처에게 예배하면 좋은 곳에 태어날 수 있다고 믿는 행위를 말합니다.

## 76.

## 가톨릭교와 개신교의 발생 기원

교회의 기원은 예수님께서 베드로의 신앙고백 이후 "내가 이 반석 위에 내 교회를 세우리니"(마 16:18)라고 말씀하셨습니다. 기독교 초기 300년 동안 "참된 교회가 어떤 교회인가"를 물을 필요가 없었습니다. 참된 교회란 교회를 세우시겠다는 베드로의 신앙고백처럼 교회의 머리를 그리스도로 믿고 따르며 그리스도를 하나님으로 믿는 교회가 참된 교회일 것입니다. 참된 교회의 기준을 교회를 처음 세우시겠다고 하신 베드로의 신앙고백에 두어야할 것입니다.

그러므로 참된 교회는 이 신앙고백 위에서 그리스도의 가르침을 따라 살고 그가 부탁하신 말씀을 따라 복음을 수호하는 교회일 것입니다. 그러나 가톨릭에서는 이 말씀을 이렇게 해석하고 있습니다. 그리스도 교회는 분명히 베드로 신앙고백 위에 세워졌으며 베드로는 로마 지교회의 최초의 주교가 되었고, 베드로는 로마의 후임 주교들에게 천국의 열쇠를 인계하였다고 믿고 있습니다. 따라서 가톨릭교만이 예수 그리스도께서 세우신 참교회라고 주장합니다. 그 당시 중요한 교회는 로마에 있는 교회가 아니었습니다. 4세기에 이교도였던 로마 콘스탄틴 황제가 기독교로 개종하게 됩니다. 그는 즉시 기독교를 국교로 선포합니다. A.D 445년에 야심적이며 활동력이 강한 레오(Leo) 로마 주교는 그 지도권을 장악할 것을 시도했습니다.

레오 주교는 자신이 사도 베드로의 후계자라고 선언하면서 전 그리스도인의 '교황' 즉 '아버지'라고 선언했습니다. 레오 주교는 많은 사람들의 논박 대상이 되었습니다. 이러한 논쟁은 로마 주교 그레고리가 교황의 위치를 확고히 이룬 590년까지 계속되었습니다. 콘스탄티노플을 중심으로 한 동방 교회의 저명한 지도자들은 그레고리 주교의 권위에 계속 도전했으며 그 후 수세기를 통하여 그레고리 주교를 계승한 기타 교황들에게 계속 도전을 해왔습니다. 1054년 동방 교회의 대주교인 콘스탄티노플 주교가 로마의 교황 레오 9세를 출교 처분함으로 분열이 일어났습니다. 이때부터 동방 교회(동방 정교회)와 서방교회(로마 가톨릭)가 각기 별도로 발전하게 되었습니다.

서방 교회는 성장함에 따라 성경에 없는 교리를 추가하기 시작했습니다. 그러나 모든 사람들이 이 새로운 교리에 찬성한 것이 아니었고 불만의 소리가 계속되었습니다. 마침내 1517년 반대파 지도자였던 마틴 루터가 교회를 개혁하고, 첨가된 새 교리를 없애며 성경의 참된 교리를 재강조하려고 하였습니다. 루터는 성경을 유일한 권위가 있는 것으로 믿었습니다. 루터 원래 교회를 분열시키려하지 않고 잘못된 것을 개혁하려고 하였으나 뜻이 받아들여지지 않았고 결국 가톨릭교에서는 루터를 강제 추방당하게 되었습니다. 이렇게 해서 하나로 시작된 기독교 교회는 오늘날 동방 정교, 가톨릭교, 그리고 많은 교파를 가신 신교로 나뉘게 된 것입니다."[4]

## 77.

## 가톨릭을 경계하는 몇 가지 이유

### ✛ 확신있는 신자도 있다는 사실을 기억하라

가톨릭 신자 중에는 말씀 중심으로 하나님과 예수 그리스도 안에서 참된 구원의 확신을 갖고 성령 충만함으로 성경 중심의 신앙 생활을 하고 있는 이들을 간혹 만나기도 합니다. 이런 분의 실천적인 믿음은 기독교인으로서 머리가 숙여질 때가 있습니다.

**잘못된 기도** 그들의 기도문 내용은 "성 마리아여, 성 요셉이여, 성 페드로여, 우리의 기도를 들어주소서." 그들은 예수 그리스도의 이름으로 기도하기도 하지만, 순교자의 이름으로, 선지자들의 이름으로 기도문을 낭송하고 있습니다. 하지만 성경은 하나님과 우리 사이의 중보자는 오직 예수 그리스도 한 분뿐이라고 말씀하고 있습니다.(요한복음 14:13,14)

**고해성사** 야고보서 5장 16절 말씀인 "이러므로 너희 죄를 서로 고하며 병 낫기를 위하여 서로 기도하라. 의인의 간구는 역사하는 힘이 많으니라" 이 말씀과 고해성사와 혼동하는 기독교인이 간혹 있기도 합니다. 그러나 천주교의 고해성사는 신부 앞에서 지은 죄를 고백하면 보속(죄를 속죄한다는 뜻)으로 죄의 많고 적음에 따라 주의 기도 몇 번, 또는 평일 미사 참석 몇 번, 봉사 등을 하도록 시킵니다.

구약시대에는 백성들이 죄로 인해 하나님 앞에 직접 나아갈 수 없었습니다. 오직 대제사장이 하나님 앞에 나아가 백성의 죄와 허물을 용서받기 위해 짐승의 피로 속죄의 제사를 드렸습니다.(히브리서 9:6-7) 그러나 신약 시대에는 예수 그리스도께서 친히 이 땅에 어린양의 제물이 되셔서 그가 단번에 성소에 들어가셔서 제물이 되시므로 우리가 그 어린양의 피를 힘입어 성소에 들어갈 담력을 얻게 된 것입니다. 신약 이후 우리는 만인 대제사장인 것입니다.

**연옥에 대해서** 가톨릭교에서는 신자들이 죽으면, 살아 생전에 지은 죄대로, 큰 죄를 지었으면 지옥으로 가지만 적은 죄를 지은 신자들은 연옥으로 가게 된다고 합니다.” 그렇다면 우리의 죄의 기준은 무엇인가? 그것도 의문입니다. 성경은 천국과 지옥 사이 중간 단계를 가르쳐 주신 적이 없습니다. 가톨릭의 연옥설은 베드로전서 3장 19절 말씀에 근거하기도 합니다. "저가 또한 영으로 옥(獄)에 있는 영들에게 전파하시니라" 성경의 한 구절만의 해석은 위험성이 있습니다.

**반 론** 연옥설은 성경에서 그 근거를 찾아볼 수 없는 비성경적인 주장입니다. 성경에 연옥이란 말도 나오지 않으며, 그들이 제시한 성경구절도 논쟁할 만한 가치도 없습니다. 그리고 이 연옥설은 공로 사상에 근거하고 있습니다. 이 연옥설은 교황의 면제권, 면죄부 판매, 죽은 자를 위한 미사, 죽은 자를 위한 기도와 헌금. 자선 등의 비성경적인 교리를 만들어냈습니다. 그러나 무엇보다도 연옥설의 치명적인 결함은 '사후 구원 기회설'이라는 것입니다. 쉽게 설명하자면 사람이 구원을 받는 데 공로가 100이라고할 때 어떤 사람이 70밖에 선행의 공로가 안 되고 죽었다면 연옥에 가서 30만큼 고통을 당하게 됩니다. 또 그의 아들과 딸이 선행을 많이 해서 30을 더해준다면 구원 받아 천국으로 옮기게 된다는 것입니다. 결국 이것은 만인 구원설로도 이어지며 성경에 위배되는 것입니다.[43]

**하나님 호칭에 대하여**  가톨릭교에서 사용하고 있는 '공동번역성경'에서는 '하나님'을 '하느님'으로 번역하고 있습니다.

**하나님**  기독교에서 신앙하는 유일신, 전지 전능하고, 우주 만물을 창조하시고, 섭리 지배하는 유일 절대의 주재자로서 의와 사랑이 충만한 인격적 존재로 무소부재하며 삼위일체 하나님으로 성부 하나님을 뜻합니다.

**하느님(하늘님)**  종교적 신앙의 대상으로 인간을 초월한 절대자로서 우주를 창조하고 주재하며 불가사의한 능력으로써 선악을 판단하고 회복을 내린다고 하는 범신론적인 신의 의미를 갖습니다.[44]

**마리아 숭배사상에 대하여**  마리아는 평생 처녀이었다는 마리아 종신 처녀설을 믿습니다. 성모 마리아는 원죄에 물들지 않고 태어났다 하여 마리아 무죄 잉태설을 주장한다. 이것은 1854년 교황 피어스 9세가 선포하였습니다.[45]

또한 마리아는 죄없는 삶을 살았으며 원죄 자범죄가 없는 성모로 믿고 있습니다.[46] 마리아는 죽은 후 부활 승천하였다고 1950년 교황 피어스 12세가 선언하였습니다. 이상의 내용들을 성경에 근거없이 천주교에서 믿고 있는 사실들입니다.

또한 천주교는 하나님의 은총이 마리아를 통해서 오고, 또한 마리아는 예수님의 어머니이기 때문에 우리 기도가 마리아를 통해서 전달될 때 효과적이라고 말하며 마리아를 기도의 중재자로 이야기합니다.[47] 그러나 이것은 성경에 근거없는 것입니다. 이에 대한 반론으로 헛쉘 포드 목사님의 예화가 도움이 될 것입니다.

가톨릭교인인 친구에게 "천주교인들이 마리아에게 기도하는 이유를 모르겠다"고 말하자, 그 친구가 대답하기를 "사람들이 대통령에게 부탁할 일이 있을 경우, 사람들은 대통령을 직접 만날 기회가 없는 고로 국무총리나 장관이나 비서관이나 기타 대통령과 연락이 될 수 있는 사람을 통하여야 하는 것처럼 우리도 예수님께 직접 부탁할 수 없으므로, 예수님의 어머니인 마리아에게 부탁해야 한다" 라고 말했다. 그러자 포드 목사님은 묻기를 "그럼 대통령의 아들도 국무총리나 다른 높은 사람들을 통하여서 대통령에게 말해야 하느냐"고 물었다. 그러자 그 친구는 "자기 아버지가 대통령이므로, 그 아들은 직접 자기 아버지에게 말할 수 있다"고 대답하였다. 그러자 포드 목사님은 "하나님은 나의 아버지이시고, 나는 하나님의 아들이므로 나와 아버지 사이에 마리아 같은 존재는 필요치 않습니다"라고 대답해 주었다고 합니다.[48]

**성인(성녀)숭배 사상에 대하여** 천주교의 성인 숭배란 신앙과 덕이 뛰어난 사람은 죽은 후에도 하나님과 직접 교통하므로 우리를 위하여 하나님께 구할 수도 있고 또 우리를 도와주거나 우리를 위해 기적을 행할 수도 있다고 주장합니다. 또 그의 공덕을 의지하여 하나님께 도와 달라고 청할 수 있다고 주장합니다.[49]

이상을 보면 천주교는 십계명의 1,2계명을 어기고 다른 신을 숭배하고 있는 것을 볼 수 있습니다.

**성경의 권위의 약화에 대하여** 천주교는 개신교에서 생각하는 것처럼 성경의 권위를 인정하지 않고 성경 66권 외에도 가경과 유전(전승)을 믿으며 성경의 절대 필요성을 인정하지 않습니다. 그들은 성경 외에 다른 것을 가지고 있습니다. 그것은 가경(외경), 구전(기록되지 않고 전해 내려오는 말씀, 유전, 전승이라고도 함)입니다. 가경으로 구약 39권 외에 7개의 가경을 가지고 있습니다(토비아서, 유딧서, 마카비상, 마카비하, 지혜서, 집회서, 바룩서).[50] 이 가경은 1546년 천주교에서 정경에 포함시켰고 가경을 정경에 포함시킨 이유는 죽은 자를 위한 기도와 천사들의 중보와 연옥설과 공덕설 등의 교리를 성경에서는 찾을 길이 없음으로 그들의 교리를 정당화하기 위해서 포함시킨 것으로 보아집니다.

**가경에 대한 반론** 신약의 저자들이 가경에서 인용한 일이 없습니다. 주후 4세기까지 신약 교회가 하나님의 섭리에 의하여 결집한 정경 목록 중에서 가경은 하나도 들어 있지 않습니다. 가경을 쓴 저자 중 한 사람도 자기가 쓴 글이 여호와께 영감을 받아 말한 것이라고 말한 자는 아무도 없습니다. 가경은 역사적, 연대적, 지리적 과오를 많이 가지고 있습니다. 가경에는 정경과 반대되는 그릇된 교리와 행위를 가르치는 것이 있습니다. 거기서는 거짓말이 허락되었고, 자살과 암살 행위까지도 정당화되었고, 공로를 세우므로 구원을 받는다는 것, 죽은 자들을 위해서 기도하는 것 등을 이야기하고 있습니다.[51]

**전승에 대한 반론** 즉 천주교회 회의의 결정과 교황의 선언이 포함되어 있는데 이런 전해 내려오는 이야기를 성경처럼 믿고 성경보다 더 위에 권위를 두기도 합니다.

천주교는 1229년 톨로사 회의에서 평신도가 성경을 갖는 것을 금했었습니다(금서목록). 왜냐하면 평신도가 성경을 읽게 되면 성경에 없는 교리를 만들어 낸 것이 탄로날까 봐서입니다.

최근에 와서 가톨릭교에서는 교인들로 하여금 성경을 읽도록 적극적으로 격려하고 있습니다. 그러나 그들은 개인적으로 하나님의 말씀을 해석할 권리가 없다고 가르칩니다. 즉 가톨릭 당국만이 해석의 권한을 보유하고 있다고 말하면서 "성경은 결국 하나님의 말씀을 해석하고 수호하는 신성한 사명을 수행하는 교회의 판단 아래 있어야 하며 교회는 하나님께 지명받은 성경 관리자요 해석자이며 하나님은 살아있는 교회의 권위를 떠나서는 성경을 그리스도인의 신앙 법칙으로 삼도록 허용하시지 않았다"라고 가르칩니다.[52]

### ✠ 성경이 말하고 있는 해답

"평생에 자기 옆에 두고 읽어서 그 하나님 여호와 경외하기를 배우며 이 율법의 모든 말과 규례를 지켜 행할 것이라"(신명기 17:19) 루터가 종교개혁을 하고 제일 먼저 한 일은 성경을 번역하는 일이었습니다.

**예수 그리스도의 구속에 대하여** 우리 그리스도인들은 예수님께서 십자가에 못 박혀서 우리의 모든 죄악을 대신하여 피를 흘려 죽으심으로 완전한 구속을 이루었기 때문에 다시는 제사를 지낼 필요가 없습니다. 그러나 천주교에서는 '미사' 의식을 통해 예수 그리스도의 십자가 제사를 재연하고 있습니다.<sup>38</sup> 어떤 이들은 천주교의 미사가 교회의 예배와 같은 것인 줄로 알고 있으나 실상은 그렇지 않습니다. 천주교의 미사는 성찬의 요소인 떡과 포도주를 사제(신부)가 봉헌 기도를 통하여 실제로 예수 그리스도의 살과 피로 변화시켜서(화체설) 신부가 그 예수 그리스도를 하나님께 제물로 바치는 의식(희생 제사설)입니다.

**교황의 신격화에 대하여** 교황은 그리스도의 대리자로서 교회의 최고의 통치자라고 믿고 있습니다. 교황 무오설을(교황은 오류가 없다) 1870년 바티칸 회의에서 선언하였다. 교황 면죄권(사죄권과 비슷하지만 죄에 대한 형벌까지 면제해 줄 수 있는 권리)을 주장합니다.<sup>44</sup>

**구원의 교리에 대하여** 천주교는 주장하기를 구원은 하나님의 은혜와 인간의 행위가 합쳐져서 되는 것이라고 말합니다. 또한 의롭다고 인정을 받는 것은 세례를 받을 때에 일어나는 것으로써 구원은 영세를 통해서 온다고 주장합니다. 구원 받았는지는 죽어봐야 안다고 말하며 죽은 사람도 구원을 받을 수 있다고 합니다.[55]

**반 론** 오직 예수 그리스도를 믿음으로써만이 구원을 받는다(에베소서 2:8-9; 갈라디아서 2:16, 로마서 3:28) 선행을 통해서 구원을 받는다고 주장하는 것은 예수 그리스도의 십자가의 구속을 보잘 것 없는 것으로 취급하고, 오히려 자기들의 선행을 높이 치켜세운 것이며 결국은 타종교처럼 자력 종교(자기의 선행과 노력에 의존하는 종교)로 전락한 것입니다. 그리고 구원의 조건은 믿음뿐이지, 세례가 구원의 조건은 아니고 세례는 그리스도와 연합되었다는 표시입니다. 천주교는 의롭다 함을 받은 사람도 자기의 잘못으로 대죄 하나만 범해도 생명의 은총을 잃어버리고 다시 고해성사를 통해 대죄를 용서받으면 다시 회복된다고 합니다. 그렇다면 구원을 얻었다 잃었다 수시로 변동하게 된다는 것이며 결국 죽음의 순간에야 알 수 있다는 것입니다. 그러나 성경은 요한복음 5장 24절에 분명히 믿는 자는 영생을 얻었고, 요한복음 6장 47절에도 구원의 확신을 가르치고 있습니다. 요한일서 5장 13절에서도 성경을 기록한 목적이 우리에게 영생이 있음을 알게 하기 위해서라고 말씀하고 있습니다.

## 78.

## 정통 유대교와 기독교와의 차이

**하나님에 대하여** 기독교는 성경에 나타난 성부, 성자, 성령의 삼위일체 하나님을 믿습니다(마 3:13-17; 28:19; 고전 13:14). 신(神)의 한 '본질' 안에 동일하고 영원하신 하나님이신 세 인격이 함께 있다고 믿고 있으나 유대교인들은 "이스라엘아 들으라. 우리 주님, 하나님은 여호와는 한 분이시다"(쉐마)라며 삼위일체 하나님을 믿지 않습니다.

**예수 그리스도에 대하여** 기독교는 그리스도는 하나님의 독생자로 이사야 53장에서 예언한 대로 메시아이며, 그는 사람인 동시에 하나님이십니다. 그는 전혀 죄가 없으셨으며 모든 인류의 죄에서 구속하기 위해 돌아가셨습니다. 유대교도들은 예수를 훌륭한 도덕 선생으로 믿고 있는 유대인들도 있으나 그들은 그를 메시아로 받아들이지 않는데 그 이유는 예수님은 이 세상에 지속되는 화평을 주지 못했다고 주장하며 아직도 메시아를 기다리고 있습니다.

**죄에 대하여** 기독교는 인간은 아담 안에서 타락했으며 죄 가운데서 태어났습니다(시편51:5, 로마서5:12) 모든 사람들은 하나님 앞에서 그들의 죄 즉 교만, 적극적이거나 소극적인 형태의 하나님께 대한 독자적인 반항 같은 것으로 인하여 심판 받습니다.(로마서 1:18-23, 3:10,23) 유대교인들은 인간은 원죄를 갖고 태어나는 것이 아니며 또한 선하게 태어나는 것도 아니라고 말합니다. 인간은 선악을 택할 수 있는 능력을 지니고 자유롭게 태어났으며, 각 사람은 자신에 대한 책임을 스스로 갖고 있다고 말합니다.

**구원에 대하여** 기독교는 인간은 하나님 앞에서 의롭게 될 수 있으며 그리스도의 십자가상에서의 대속적인 죽음을 통해서 구원을 얻습니다. 구원은 믿음으로 말미암아 얻어지는 하나님의 선물입니다(로마서 3:24, 에베소서 2:8,9). 유대교도는 유대인이든 아니든 누구든지 구원은 하나밖에 없는 하나님을 믿고 또 도덕적인 생활을 함으로써 얻게 된다고 합니다. 유대교는 내세를 믿는 듯하나 현세에서의 윤리적 도덕적 행동을 강조하는 것만큼 내세를 위한 준비에 관하여는 강조하지 않습니다.[56]

## 79.

## 이슬람교와 기독교와의 차이

**하나님에 대하여** 기독교는 한 하나님이 성경에 성부, 성자, 성령의 삼위일체로 나타난 삼위일체 하나님을 믿습니다. 이슬람교도는 알라신 외에는 다른 하나님이란 없다고 믿습니다.

**예수 그리스도에 대하여** 기독교는 그리스도는 하나님과 태초에 함께 계셨으며 그가 인간의 몸을 입고 성육신하여 이 땅에 오셨고 인간의 죄를 위하여 십자가에 대속의 죽음을 통해서 인류의 죄를 속하고 예언대로 부활하셨으며, 그는 전혀 죄가 없으신 분이셨습니다. 이슬람교도들은 예수 그리스도는 단지 아담, 노아, 아브라함, 모세와 같이 한 선지자에 불과하며 마호메트보다 더 중요한 인물이 아니라고 합니다. 그리스도는 인간의 죄를 위해 죽지 않았고 십자가에서 죽은 사람은 유다라고 믿습니다.

**구원에 대하여** 기독교는 성경 66권이 하나님의 영감으로 기록되었으며 오직 예수 그리스도를 통해서만이 구원을 얻을 수 있습니다. 이슬람교도는 사람들은 자기 스스로 구원을 얻기도 하고 자기 자신의 죄의 값을 스스로 치른다고 말합니다.

**죄에 대하여** 기독교는 인간은 모두 죄인이며 의인은 하나도 없습니다. 우리의 원죄는 그리스도의 대속의 죽음을 믿는 믿음으로 사해지며 우리의 자범죄는 고백으로 사함 받을 수 있다고 믿습니다. 이슬람교도는 죄란 알라의 뜻에 등한히 하는 일 또는 다섯 가지 지주(신앙 진술, 기도, 자선 행위, 라마단, 메카 순례)에 기록된 대종교적 임무를 등한히 하는 것을 죄로 규정합니다.[57]

## 80.

## 힌두교와 기독교와의 차이

**하나님에 대하여** 기독교는 한 하나님이 성경에 성부, 성자, 성령의 삼위일체로 나타난 삼위일체 하나님을 믿습니다. 힌두교도의 브라만 신은 무형이며 추상적 영원한 존재이나 아무 특성도 없다. 수백만의 사소한 신들을 가지고 있으며 삼위일체 형태를 취합니다.

**예수 그리스도에 대하여** 기독교는 그리스도는 하나님과 태초에 함께 계셨으며 그가 인간의 몸을 입고 성육신하여 이 땅에 오셨고 인간의 죄를 위하여 십자가에 대속의 죽음을 통해서 인류의 죄를 속하고 예언대로 부활하셨습니다. 그는 전혀 죄가 없으신 분이시다. 힌두교도들은 예수 그리스도는 하나님의 많은 아들 중의 한 사람이며 그는 하나님의 독생자가 아니며 다른 사람 이상의 신성도 없고 인간의 죄를 위해 죽은 것도 아니라고 말합니다.

**구원에 대하여** 기독교는 다른 이로써는 구원을 얻을 수 없습니다. 오직 예수 그리스도의 대속의 죽음으로 인한 용서를 받아들일 때 구원을 받을 수 있습니다. 힌두교도의 구원은 인간이 예배, 명상, 선행 및 자기 절제를 통해서 의롭게 될 수 있다고 합니다.

**죄에 대하여** 기독교는 원죄와 자범죄로 인한 하나님과 인간의 교제 단절을 죄로 보고 있습니다. 힌두교도는 선과 악은 상대적인 어휘인데 무엇이든 돕는 것이 선이며 무엇이든지 방해하는 것이 악이라고 합니다. 사람이 자기 자신을 알기 위해 이 장애물들과 마주치지 않을 수 없습니다. 사람이 현생에서 성공치 못하면 환생시 또 다시 노력할 수도 있다고 믿습니다.[38]

## 81.

## 크리스천 사이언스와 기독교와의 차이

**하나님에 대하여** 크리스천 사이언스 교도들은 하나님은 비인격적인 존재이며 에디 부인은 '하나님은 모든 것입니다. 영, 혼, 육적인 사람 모두가 모든 존재의 신적인 존재인 하나님이다' 라고 주장합니다.

**예수 그리스도에 대하여** 크리스천 사이언스교도들은 그리스도가 위대한 선생이라고 믿고 있지만 그의 신성은 부인합니다.

**죄에 대하여** 크리스천 사이언스 교도들은 예수 그리스도의 대속의 십자가는 인류의 죄를 씻지 못했으며 실제로 예수 그리스도가 무덤에서 살고 있었는데, 그의 제자들은 그가 죽었다고 속였다는 것입니다.

## 82.

## 몰몬교와 기독교와의 차이

### ❖ 몰몬교의 태동

몰몬교는 1830년 조셉 스미스에 의해서 시발된 종교 운동인데, 그것의 공식적인 명칭은 '말일성도 예수 그리스도의 교회'입니다.

**하나님에 관하여** 몰몬교도들은 하나님은 인간과 같이 피조물이며 인간도 종국에는 하나님과 같이 될 수 있고, 많은 신들이 있다고 믿습니다. 몰몬교는 니케아의 삼위일체 하나님을 믿지 않습니다. 이들은 다신론을 주장합니다. 하나님은 하나 이상이고 인간이 하나님이 될 수 있다고 믿습니다. 그들은 인간본성의 선함과 발전 가능성을 강조하는 낙관론적 인간론을 가지고 있습니다. 스미스는 세계사의 절정이 곧 올 것이고 천년왕국이 이 땅 위에 실현될 것을 믿고 있으며, 그는 몰몬교도들의 공동체의 지상천국화를 꿈꾸었습니다.[59]

**성경에 관하여** 몰몬교도들은 19세기 '새로운 성경'으로 번역한 성경에 조셉 스미스의 글을 하나님의 영감에 의해 쓰여진 계시라고 믿고 있습니다. 성경보다 몰몬경이 그들의 교리를 결정하는 데에 더 큰 비중을 두고 있습니다.

**죄에 관하여** 몰몬교도들은 아담이 지은 죄는 지상 생활의 경험으로 꼭 필요한 것이며 인간은 이와 같은 과정으로 계속 하나님이 되어 가고 있다는 것입니다.

**구원에 관하여** 몰몬교도들은 구원은 선행에 의해 얻어진 인간의 세 가지 천국(해왕국, 달왕국, 별왕국)에서 각각 그 영생을 보내도록 된다고 믿습니다. 각 사람의 선행에 따라 세 종류의 천국 중 하나가 결정됩니다. (몰몬교 교리성약 130 ;22)

## 83.

## 통일교(세계기독교 통일신령협회)

### ❖ 통일교의 태동

 문선명은 17세대 하늘에서 계시를 받고 예수를 비롯한 수많은 성현들을 만났다고 주장하여 메시야의 사명을 받았다고 합니다.[60]
 통일교의 원뿌리는 이렇게 시작됩니다. 1920년대에 한준명, 백남주, 황국주로부터 피가름의 이론과 실천이 시작되었다고 합니다.[61] 이런 영적 상황에서 1930년대 이북에서 이용도, 황국주, 한준명, 백남주, 이호빈, 이종현, 김성도 등의 당시 교회가 이단시하는 신비주의자들이 속출하게 됩니다.
 문선명은 해방후 27세 때 광신자들의 많이 모이는 평양의 광해교회에서 잘못된 영향을 받고 1946년 월남한 그는 경기도 파주에서 김백문이 세운 이스라엘 수도원에서 약 4개월 간 원리 교리를 배우고 다시 월북합니다. 통일교의 출발은 1940년 후반에 그의 피가름의 이론과 실천에서 비롯되었는데, 문선명은 「성신신학」, 「기독교 근본원리」, 「신앙 인격론」의 저자인 김백문의 영향하에 피가름을 실천하게 됩니다.
 문선명은 본처가 있음에도 불구하고 하나님의 계시를 받았다 하여 여신도와 피가름을 실천하다가 신도의 남편의 고발로 흥남 교도소에서 6개월 형(刑) 집행 중 6·25로 형기를 다 채우지 못하고 1·4후퇴 때 남하하여 부산에서부터 집회를 시작하게 됩니다.

문선명은 1953년 유효원을 설득, 개종시켰는데 원리강론의 체계는 주로 이 유효원에 의하여 쓰여졌다고 합니다.

1954년 5월 10일 서울 성동구 무학동에 '세계기독교통일신령협회'를 창설하여 문선명은 교주가 되고 유효원은 협회장이 되어 교단 운동의 책임을 지게 됩니다. 1963년 5월 31일 문교부에서 '세계기독교통일신령협회' 인가를 얻어냈고, 1966년 5월 1일 「원리해설」을 「원리강론」으로 바꾸어 출판하였으니, 이는 문선명의 통일교 교리서입니다. 1970년 유효원은 죽고, 김영휘가 그 뒤를 잇고 있습니다.

### ✥ 통일교의 경전

통일교는 신구약성경 이외 성약서(成約書)라고 하는 「원리강론」이라는 경전을 매우 중요시합니다. 이 원리강론은 성경 66권 1,145장 31,173절 중에 약 800여 구절을 동양의 역(易)철학, 헤겔철학, 요아킴, 레씽 등의 철학들과 혼합시킨 것입니다. 「원리강론」에 의하면 구약은 "타락한 인간을 소생기까지 재창조하기 위한 목적으로 주신 말씀으로 유치한 단계의 인류에게 주어질 교과서요, 신약은 장성기까지 재창조하시기 위한 목적으로 주신 말씀이 신약성경이라고 말합니다. 그 다음 단계의 인류를 위한 교과서인 바, 현대 과학의 시대에 알맞은 '새 진리'는 「원리강론」에 들어 있다고 봅니다. 이는 레씽의 「인류의 교육」(1780)에 나오는 주제와 매우 흡사합니다.

### ❖ 통일교의 삼위일체

「원리강론」은 하나님, 아담, 하와의 삼위일체를 말하고, 아담과 하와의 타락 후 하나님은 성령으로 대체되고, 그 다음 이 삼자는 유기적 관계를 이루고 4위기대(四位基臺)를 이룬다고 봅니다. '4위기대'란 삼위일체의 발전 단계로서 창조의 세계로 이어진다는 말입니다.

### ❖ 원리강론의 교리

「원리강론」에 의하면, 하와는 타락한 천사장 누시엘인 뱀의 꾀임에 넘어가 누시엘과 성행위(선악과)를 하여 뱀의 피를 받았고, 하와는 아담과 성행위를 함으로 이 사단의 피를 전했다는 것입니다. 그리하여 아담과 하와는 하나님의 혈통을 번식시키지 못하고 사단의 악의 혈통을 번식케 되었다는 것입니다. 구약의할례 역시 성적인 죄의 문제를 해결하는 것으로 봅니다. 더러운 사단의 피를 지닌 인류는 깨끗한 피로 피가름을 필요로 하는데, 초림주인 예수 그리스도는 십자가를 지심으로 노예된 인간은 구속하셨지만, 인간을 전적으로 노예됨으로부터 해방시키지 못하고 우리의 영혼만을 구속하셨다는 구원의 교리를 주장합니다. 따라서 원죄를 그대로 지니고 있는 인간의 육체 구원까지 완성하실 재림주가 와야 하는데, 바로 그 메시야가 새 피를 넣어 줄 문선명이가 유일한 구세주 격이라는 것입니다.⁸⁴ 통일교는 혈통 이환을 세례 의식에 해당하는 것으로 보기 때문에 우리가 혼음이라고 생각하는 것이 저들에게는 구원에로 입문하는 의식이라고 믿고 있습니다. 통리교의 신론, 창조론, 기독론, 성령론, 구원론, 성경론, 천국관은 전적으로 이단 사설에 불과합니다.

## 84.

## 여호와 증인에 대한 상식

### ✛ 여호와의 증인회의 태동

러셀은(1852-1916) 20세 되던 때에 불신자는 지옥에서 영원한 형벌을 받는다고 하는 정통 개신교 교리에 불만을 느꼈습니다. 그는 교육을 제대로 받지 못한 자로서 성경을 혼자 연구한 사람으로 교회를 세웠고, 1897년엔 「그리스도의 재림을 위한 시온의 워치타워와 그것의 전달자」라는 잡지를 발간하였습니다. 그는 임박한 세계의 종말론을 선포했으며, 재림의 시기를 예언했으나 여러 차례 빗나갔습니다. 여호와의 증인의 공식 명칭은 '워치타워 성경 및 종교서적 공회' 입니다. 여호와의 증인은 1879년부터 197개국에 다가올 아마겟돈 전쟁에 대한 메시지를 전한 이래, 지금에는 100만 명 이상의 회원을 가지고 있습니다. 이들은 국기에 대한 경례를 거부하고, 군복무를 거부하는 등 국가의 권위에 저항하고 있습니다.

### ✛ 여호와의 증인회의 교리

여호와의 증인들은 니케아 회의(A.D.325)에서 이단으로 정죄받은 아리우스의 기독론을 따르고 있습니다. 이들은 삼위일체 하나님을 거부하고, 예수 그리스도는 피조물이라고 믿습니다. 이들은 예수의 지상 재림을 기대하지 않습니다. 그들은 지상 천국(천년왕국)을 믿습니다. 즉 사람이 죽으면 잠자는 상태에 들어가고 이들 가운데에 여호와의 호의를 입은 자들만이 천년왕국 때에 깨어난다는 것이고, 불신자들에게 대한 형벌은 멸망이라고 가르치고 있습니다.

여호와의 증인들은 둘씩 짝을 지어 노상이나 호별 방문을 통하여 전도하는 일에 열심입니다. 왜 그들은 그렇게 많은 전도를 하고 있을까요?

그들은 열심히 일함으로써 구원을 얻기 때문에 증거를 하고 있다는 것입니다. 그들이 두려워하는 것은 구원을 위한 여호와의 기준에 미달되는 것입니다. 러셀은 지옥의 존재를 부인하고 그것을 하나님의 진노로 대치하였습니다. 왜 그들이 그렇게 열심히 증거하고 다닐까요? 그들의 동기는 하나님의 하나님의 사랑이 아니고, 하나님의 진노하심에 대한 두려움 때문입니다.

**하나님에 대하여** 여호와의 증인회는 삼위일체를 믿지 않습니다.

**예수 그리스도에 대하여** 여호와 증인들은 예수 그리스도는 하나님이 아니시며 하나님이 최초로 창조한 인간으로 봅니다. 그리스도의 신성을 부인합니다. 또한 그들은 예수 그리스도의 육체적인 부활을 부인합니다. 그리스도의 재림에 대하여 1914년 눈에 보이지 않게 그리스도는 지상에 오셨고 지금은 천국에서 지구를 통

치하신다고 믿습니다.[65]

**심판에 대해서** 여호와 증인들은 지옥이나 영원한 심판이란 없다고 믿습니다. 여호와의 기준에 미달하는 사람들은 모두 멸절될 것으로 믿습니다.

**병역 기피 문제에 대하여** 여호와 증인들은 크리스쳔 사이언스와 더불어 그 누구로부터의 수혈을 금지하고 있습니다. 이들은 성경을 따라 이것을 지킨다고 주장한 나머지 부모가 죽어 가는 자식에까지 피를 줄 수 없다고 말합니다. 그래서 피를 흘리는 병역을 기피합니다. 그러나 출애굽기에 나타난 이스라엘과 아말렉의 전쟁에 관한 말씀이 있습니다. 하나님의 공의를 실현하기 위해 이스라엘 민족과 이방 민족들이 끊임없이 전쟁을 한 사실이 수없이 기록되어 있습니다.(출애굽기 17:8) 물론 하나님은 무고한 살인은 절대로 용납하지 않으셨습니다.(출애굽기 20:13)

**수혈 거부 문제에 대하여** 레위기 17장 10절 이하의 말씀을 자세히 읽어보면 "무릇 이스라엘 집 사람이나 그들 중에 우거하는 타국인 중에 어떤 피든지 먹는 자가 있으면 내가 그 피 먹는 사람에게 진노하여 그를 백성 중에서 끊으리니 육체의 생명은 피에 있음이라. 내가 이 피를 너희에게 주어 단에 뿌려 너희의 생명을 위하여 속하게 하였나니 생명이 피에 있으므로 피가 죄를 속하느니라" 여기서 말하는 피는 인간의 피가 아니라 짐승의 피를 말하고 있습니다. 더구나 "피를 먹지 말라"는 것이 의학상의 수혈을 뜻하는 것은 더더욱 아니라는 것입니다. 성경의 해석과 적용이 잘못된 것입니다. 우리 인간의 생명은 존엄한 것입니다. 특별히 뇌사 상태의 장기 이식은 우리에게 얼마나 큰 감동과 사랑을 느끼게 합니까? 예수 그리스도는 "한 생명이 천하보다 더 귀중하다"고 말씀하셨습니다. 그런 의미로 볼 때 이같은 주장은 너무도 이율배반적입니다.

이단자들과 이교도를 대할 때 전도자의 지혜로운 자세는 먼저 논쟁을 피하고 그들이 전하고자 하는 복음(?)을 먼저 정중히 듣고 (듣는 중 그들을 영적으로 진단한다) 전도자가 준비한 복음을 정확히 들려주는 것입니다. 그리고 그 결과를 하나님께 맡기는 것입니다.

# 미주 (Notes)

1. 제임스 케네디(D. James Kennedy), 김만풍 옮김 「전도폭발 제3개정판」
   (서울:생명의말씀사, 1990), pp.118~119
2. 상게서, p.127 재인용
3. 제임스 케네디(D. James Kennedy) 「사람낚는 어부 소책자」 (서울:한국전도폭발출반부)
4. 고려대학교 민속문화연구소 편, 「한국민속대관 Vol.1」
   (서울:고려대학교 민속문화출판부 1980), pp.685~689
5. 제임스 케네디(D. James Kennedy) 「국제전도폭발 III단계 지도자 교안」
   (서울:한국전도폭발출판부 1996), p.61
6. 이근우, 「전도자의 발길따라」 (서울:규장 1992), p.18
7. 상게서, p.34
8. 박광철, 「그와 같이 되기를」 (서울:도서출판하나 1993), pp.20~21
9. 송영옥, 「사랑의 편지」 (서울:나침판사 1994), p.45
10. 전게서, p.23
11. 제임스 케네디(D. James Kennedy), 상게서, p.14
12. 제임스 케네디(D. James Kennedy), 「복음에 대한 반대를 다루는 법」
    (서울:전도폭발출판부1993), p.16
13. 상게서, pp.19~20
14. 박상훈, 「내일이 무엇이니? 영생이 무엇이니?」 (서울:도서출판 크리폼 1994), p.34
15. 아근우, 「전도자의 발길따라」 (서울:규장 1992), p.30
16. 상게서, pp.111
17. 박상훈, 상게서, pp.111
18. 전개서 p.14
19. 제임스 케네디(D. James Kennedy), 전게서, p.52
20. 박상훈, 「그가 찔림은」 (서울:도서출판 크리폼 1994), p.18
21. 박상훈, 전게서, p.19
22. 박상훈, 상게서, p.40
23. 「국민일보 인기연재 '겨자씨' 모음집」
24. 김인환, 「전도훈련과 실전」 (서울:도서출판 아멘종 1994), p.37
25. 김상길 「겨자씨 1」 (서울:국민일보사 1995), p.20
26. 이근우, 전게서, p.52
27. 이근우, 상게서, p.13
28. 「사랑하는 사람의 삶은 아름답습니다」 (서울:기독교문사 편집부 1994), p.73
29. 「두란노 생명의 삶」 (1998,4), p.113
30. 「예화자료집」 (서울:홍성사 1997), p.32
31. 송영옥, 전게서, p.85
32. 송영옥, 전게서, pp.7~11

33. 프릿츠 리데나워 편.「무엇이 다른가?」(서울:생명의 말씀사 1994), p.14
34. N. Webster. Webster's Collegiate Dictionary, 5th. ed.,
    (Mass : G&C. Merriam Co., 1942), p.466
35. 유선호,「천주교를 배격하는 7가지 이유」(서울:할렐루야서원 1994), pp.29~30
36. 제임스 케네디(D. James Kennedy),「복음에 대한 반대를 다루는 법」
    (서울:전도폭발출판부1993), pp.44~45
37. 김진규,「피안에서 영생으로」(서울:도서출판 가나안 1986), p.58
38. 상게서, p.65
39. 혜암(조계종 원로회 의장),「행복이 가득한 집, 1998, 5」p.171
40. 상게서, p.82
41. 프리츠 리데나워, 전게서, pp.41~42
42. 박도식,「천주교와 개신교-하나님 교회, 7판」(서울 : 가톨릭출판사, 1983) p.88
43. R. 로울러, D.우일, T.로울러, 전게서, p.544
44. 이희승,「국어대사전, 24판」, (서울 : 민중서관, 1976) pp.3101~3102
45. R. 로울러, D.우일, T.로울러, 오경환역,「그리스도의 가르침, 중판」
    (서울:성바오로출판사 1983), p.130
46. R. 로울러, D.우일, T.로울러, 전게서, p.312
47. 상게서, pp.259~260
48. 유선호, 전게서, p.56
49. 존 오브라이언, 정진석 역,「억만인의 신앙」, (서울 : 가톨릭출판사, 1983), pp.486~490
50. 성갑식,「그리스도교대사전, 6판」(서울 : 대한기독교서회, 1981), p.1073
51. 박윤선,「성경주석 예레미야서, 10판」(서울 : 영음사, 1979), pp.599~600
52. 유선호, 전게서, pp.84~85
53. 이장식,「기독교사상사, 제2권, 6판」(서울 : 대한기독교서회, 1981), p.262
54. 유선호, 전게서, p.100
55. 이종기 편집,「교회사」(서울 : 세종문화사, 1975), pp.319~320
56. 프리츠 리데나워프 편, 전게서, p.96
57. 상게서, p.110
58. 상게서, p.126
59. 이형기,「정통과 이단」(서울 : 한국장로교출판사, 1997), p.79
60. 탁명환,「기독교와 이단연구」(서울 : 도서출판연구사, 1986), pp.127~128
61. 이영헌,「한국기독교사」(컨콜디아사, 1980), p.289
62. 이영헌, 상게서, pp.289-290
63. 세계기독교통일신령협회,「원리강론」(서울 : 세종문화사, 1975), p.9
64. 이영헌, 전게서, pp.292~293
65. 프릿츠 리데나워 편, 전게서, pp.162~173
66~72. 김수경,「복음은 싸구려가 아니다」「하나님은 사랑에 눈이 멀었다」
    (서울 : 두란노, 1998), pp. 59, 101, 111 복음 설명 이해를 돕기 위해 적절한 표현으로 적용함

## 사명선언문

너희가 흠이 없고 순전하여……세상에서 그들 가운데 빛들로
나타내며 생명의 말씀을 밝혀 _ 빌 2:15-16

### 1. 생명을 담겠습니다
만드는 책에 주님 주신 생명을 담겠습니다.
그 책으로 복음을 선포하겠습니다.

### 2. 말씀을 밝히겠습니다
생명의 근본은 말씀입니다.
말씀을 밝혀 성도와 교회의 성장을 돕겠습니다.

### 3. 빛이 되겠습니다
시대와 영혼의 어두움을 밝혀 주님 앞으로 이끄는
빛이 되는 책을 만들겠습니다.

### 4. 순전히 행하겠습니다
책을 만들고 전하는 일과 경영하는 일에 부끄러움이 없는
정직함으로 행하겠습니다.

### 5. 끝까지 전파하겠습니다
모든 사람에게, 땅 끝까지, 주님 오시는 그날까지
복음을 전하는 사명을 다하겠습니다.

## 서점 안내

| | |
|---|---|
| 광화문점 | 서울시 종로구 새문안로 69 구세군회관 1층<br>02)737-2288 / 02)737-4623(F) |
| 강남점 | 서울시 서초구 신반포로 177 반포쇼핑타운 3동 2층<br>02)595-1211 / 02)595-3549(F) |
| 구로점 | 서울시 동작구 시흥대로 602, 3층 302호<br>02)858-8744 / 02)838-0653(F) |
| 노원점 | 서울시 노원구 동일로 1366 삼봉빌딩 지하 1층<br>02)938-7979 / 02)3391-6169(F) |
| 일산점 | 경기도 고양시 일산서구 중앙로 1391 레이크타운 지하 1층<br>031)916-8787 / 031)916-8788(F) |
| 의정부점 | 경기도 의정부시 청사로47번길 12 성산타워 3층<br>031)845-0600 / 031)852-6930(F) |
| 인터넷서점 | www.lifebook.co.kr |